五姪如面：昨晨袁宅外面織補店老嫗病没，而袁宅外孫肇齡亦立刻形色大變，至九鐘化去，修短雖有前定，而我老年見之大為悶懣（不懂），即閒步集寶齋，得陶心雲書張公祠碑與亦武貼於壁，均可裱。昨日午後去滬德研香一聽，細觀金篆隸真行漢魏六朝碑刻，磨崖為一趣，此之為大家，可直接六朝人，以唐人亦不能及。當今揚中甫刻出，以供摹拓。當壬申年四月拜從沈汲民師，所囑我搜買德林

書畫，乃遍訪不得，至今歷五十一年始購得之，亦大幸矣。畫則前年沈雪廬得一幅，大約亦是新橋巷沈公館之物，題款二行，以飽筆書之，此即是潑墨書，他人則無從用力矣。我欲將此囑令揚中甫刻出，以供摹拓，趙悚林雖稱能事，亦當退避三舍。包安吳（謂）亦不可及，鄧完白堪相伯仲。吾得此聯上之數（不可為訓）韋耳。沈氏昆季（研傳、研齋）我皆相識，皆拜從姚鳳生為師，德公之物竟無人知，可恨。粟白 十三日

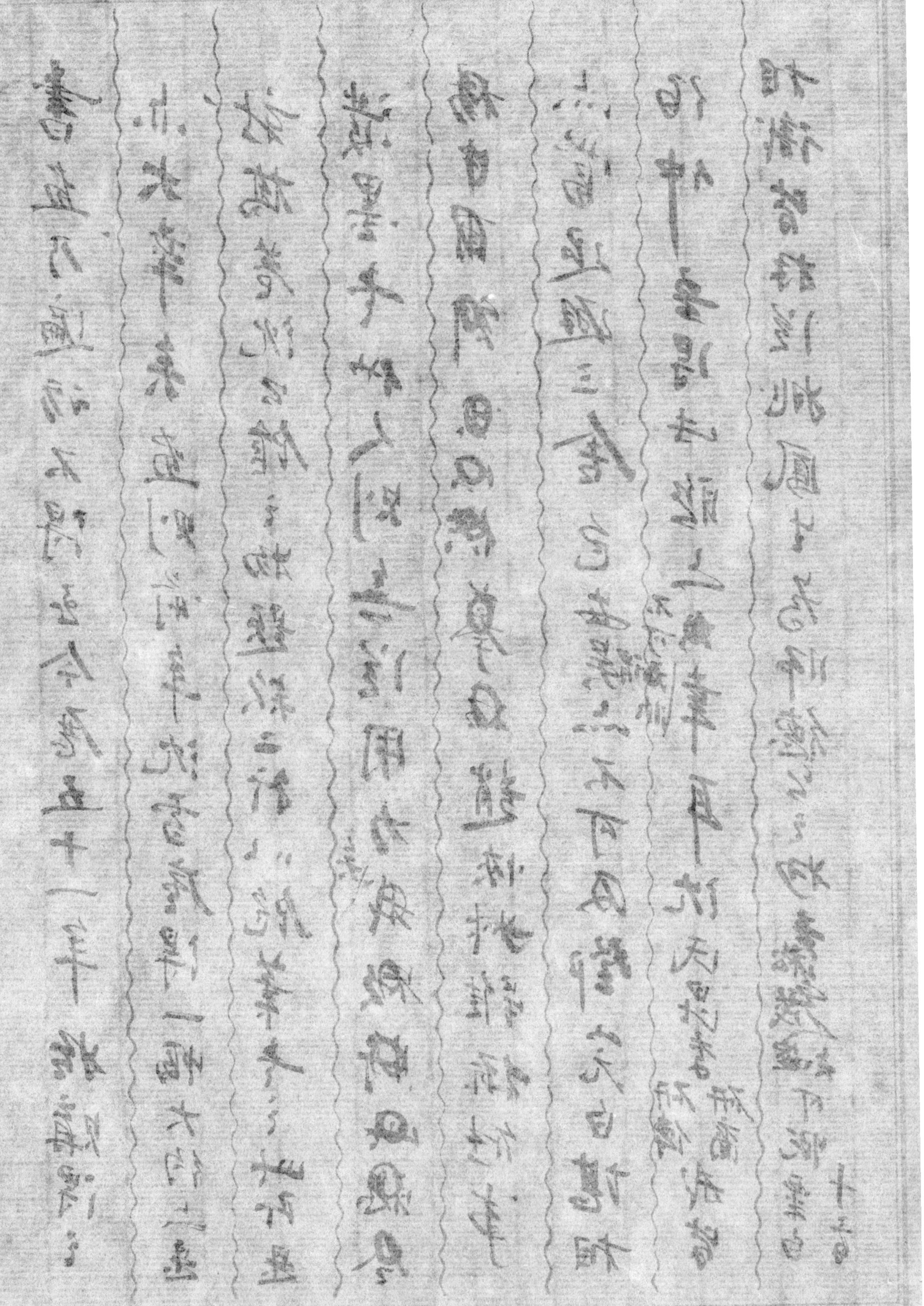

俞栗廬書信集

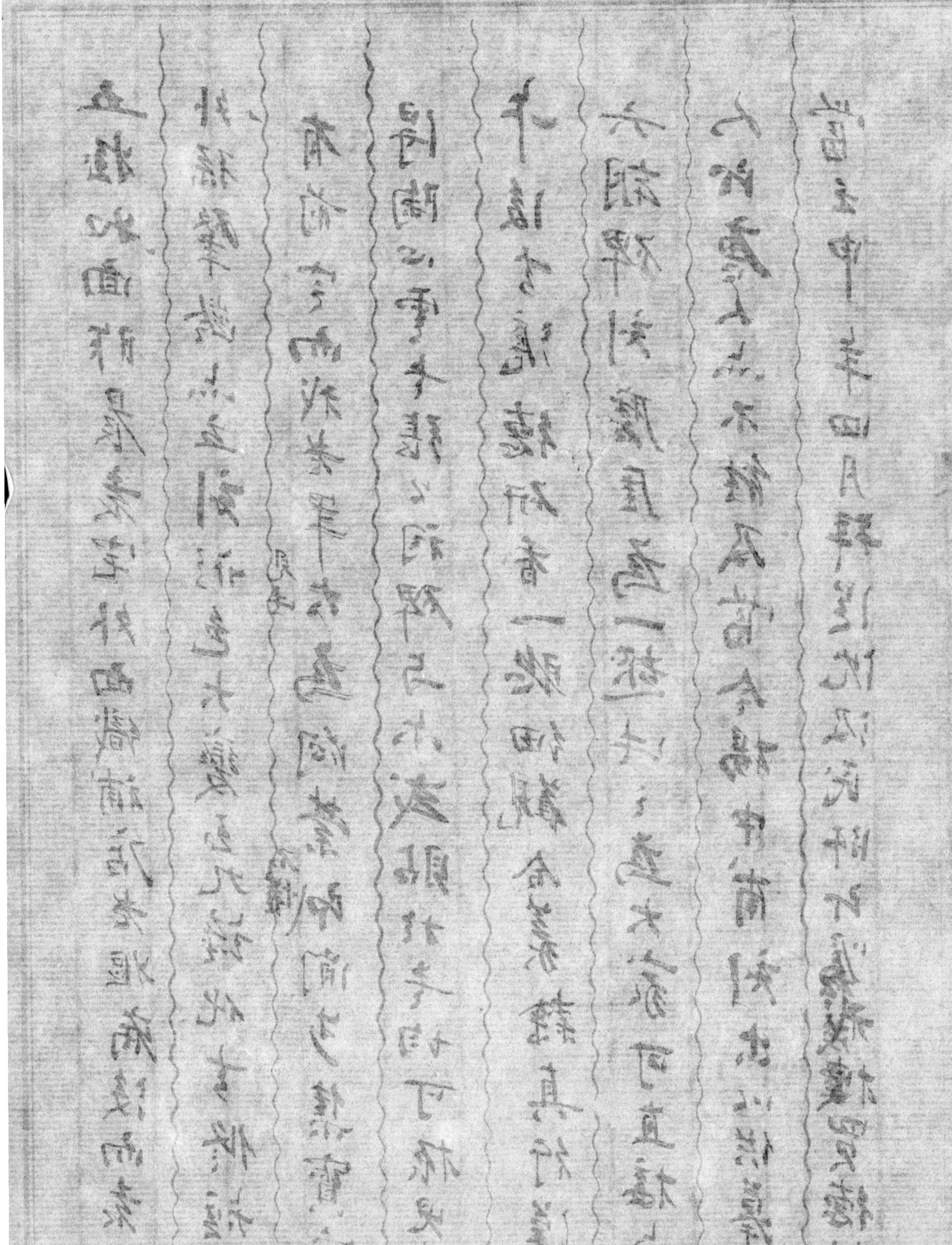

信二十一

五姪如面：昨晨袁宅[一]外面織補店老嫗病没。而袁宅外孫肇齡亦立刻形色大變，至九鐘化去。修短雖有前定，而我老年見此，大為悶縈不懽，即閒步集寶齋，得陶心雲書《張公祠碑》與爾，或貼於書，均可。振兒昨日午後去滬。德研香[二]一聯細觀，合篆、隸、真行、漢魏六朝碑刻磨厓為一起，此之為大家，可直接六朝人，即唐人亦不能及。當令楊中甫刻出，以供摹拓，當壬申年四月拜從沈汲民師，即囑我搜買德林書畫，乃遍訪不得，至今歷五十一年，始購得之，亦大幸矣。畫則前年沈雪廬[三]得一幅，大約亦是新橋巷沈公館[四]之物。題款二行，以飽筆書之，此即是潑墨書，他人則無從用力矣。趙恢叔雖稱能事，亦當退避三舍。包安吴[五]亦不可及。鄧完白[六]堪相伯仲。吾得此聯，亦不可謂非幸耳！沈氏昆季研傳、研裔。我皆相識，皆拜從姚鳳生[七]為師。德公之妙，竟無人知，可慨！

粟白 十三日

【注釋】

[一]袁宅，即俞粟廬女婿袁練甫家。

[二]德研香，即下文中德林，生卒年不詳，滿人，工書畫，搜藏金石甚富，趙之謙的老師。

[三]沈雪廬，生平不詳。

[四]新橋巷沈公館，其主人即下文沈氏昆季，蘇州鄉紳。

[五]包安吴（一七七五—一八五五），即包世臣，嘉慶二十年（一八一五）舉人，書法家，鄧石如弟子。

[六]鄧完白（一七四三—一八〇五），即鄧石如，清代碑學開拓人、奠基者，著名篆刻家、書法家。

[七]姚鳳生，生平不詳。

五姪如面：初七日寄一函，今接初八日書，何尚未
收到？所云近購十八家詩鈔，大都唐、宋以來
諸家，宋人詩，蘇公及陸劍南，我有之，而我最
喜陶淵明（詩高逸）古澹可愛，惟黃山谷不可學，而
曾文正（偏）喜之，并書其亦學之。北宋四家者，
以蘇坡公及蔡襄為優，又蔡京及其子姪
蔡卞（米元章肆而不醇）。蔡作皆妙，不可以人廢之。京書古雅
可喜，而（得山陰之神髓，松雪不能及也）作書能於熟中（具）生辣之生（非生熟之生），此非尋
常庸碌之徒所能知也。能肆力於六朝
後魏磨厓古刻數年，如登峨眉之頂，望
諸山皆土壘耳。詩文書畫大忌格低，低則
俗矣。俟四姪來時，即將論（五言）經書詩文（二冊）伊寄小
輪帶家來也。金石考據之學亦不能忽耳。
餘言再述。粟白 甲子年正月初十日

信二十二

五姪如面：初七日寄一函，今接初八日書，何尚未收到？所云近購《十八家詩鈔》[一]，大都唐宋以來諸家。宋人詩蘇公及陸劍南我有之，而我最喜陶淵明，詩高逸，古澹可愛。惟黄山谷不可學，而曾文正偏喜之，并書亦學之。然宋四家書，以蘇坡公及蔡襄為優，米元章肆而不醇，又蔡京及其子姪蔡卞、蔡攸皆妙，不可以人廢言。京書古雅可喜，得山陰[二]之神髓，松雪[三]不能及也。而攸書能於熟中具生辣，非生熟之生。此非尋常庸碌之徒所能知也。能肆力於六朝後魏磨厓古刻數年，如登峨眉之頂，望諸山皆土壘耳！詩文書畫大忌格低，低則俗矣。俟四姪來時，即將《五言論經書詩》二册交伊寄小輪帶交爾也。金石攷據之學，亦不能忽耳。餘言再述。

粟白　甲子年[四]正月初十日

【注釋】

[一]《十八家詩鈔》，清曾國藩編。
[二]山陰，即王羲之。
[三]松雪，即趙孟頫。
[四]甲子年，即一九二四年。

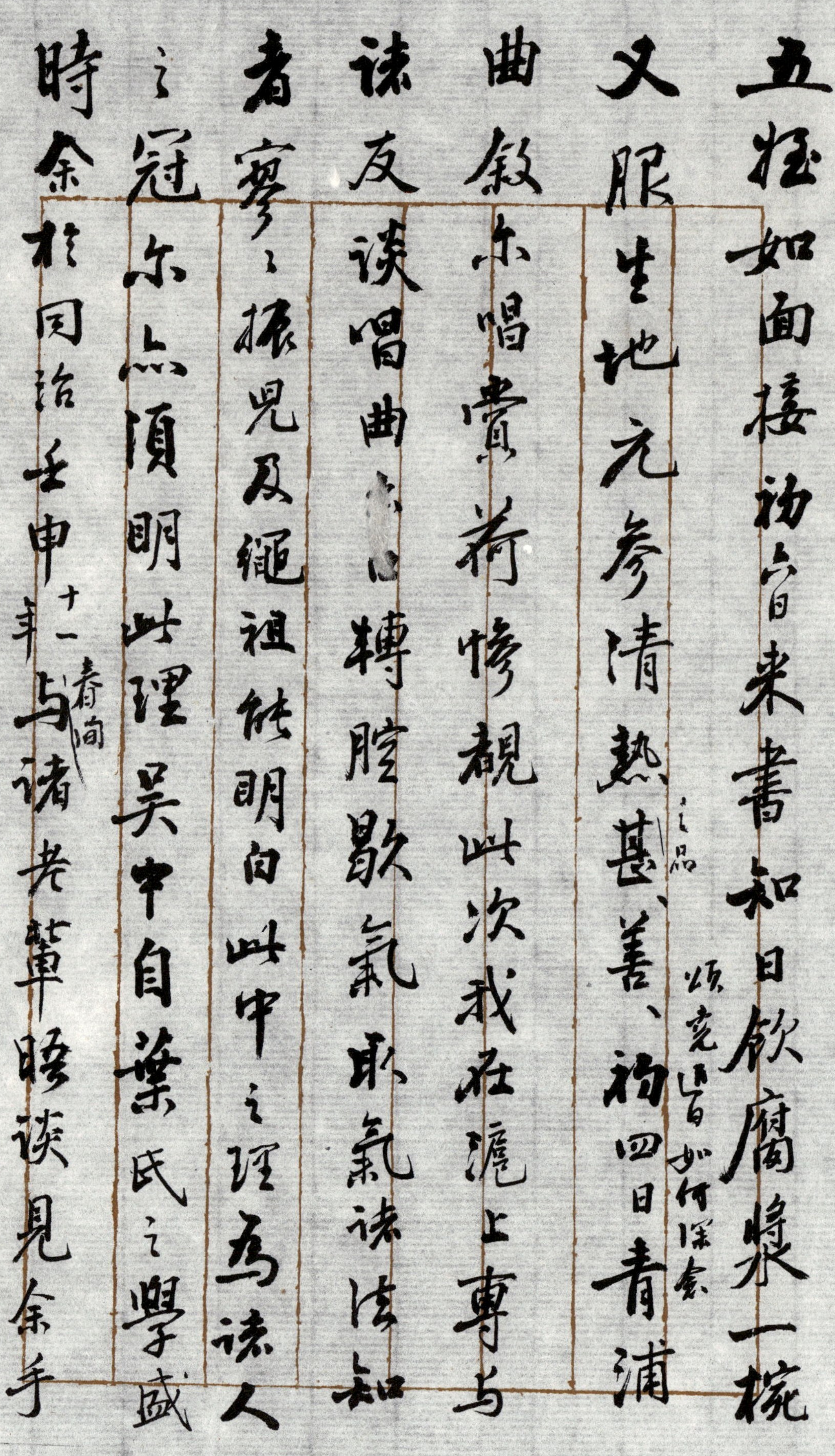
五姪如面：接初四日來書，知日飲腐漿一椀，又服生地元參清熱之品甚善。初四日青浦曲敘，尔唱賞荷慘覩。此次我在滬上專与諸友談唱曲[illegible]轉腔歇氣取氣諸法，知者寥寥，振兒及繩祖能明白此中之理，為諸人之冠，尔亦須明此理。吳中自葉氏之學盛時，余於同治壬申年十一春間与諸老輩時談，見余手

書諸曲隨手填宮譜謬誤為近世無有其匹
即與韓華卿先生言此人可傳葉氏之學
矣韓亦以之留心幾卅年無一可傳今得
此人我可傳彼每到滬上必學三五齣每年
玉彼三四次不等計九年約二百齣舊有
百餘折亦盡忘過蓋從前教曲非樂工另
有專教曲者文理皆韓先生云道光中有
王鳳鳴者開音樂器店於閶時年五十餘

每玉人家拍期惟帶一筆袋及紙一束先詢
公等欲清唱耶欲聽白耶說明後欲習何
曲即自首齣從引起齣從白起先寫出曲
玉寫一曲寬填宮譜完每期三人各寫完後即
教拍並無底本信手錄曲有小百餘齣之
多曲文無一訛字每期半元拍資三人今之拍先不及
其萬末耳玉說白另寫班中專家教也
拍成一曲上笛後即與念以唱法出口收音遲速一一指明令
念曲一事無人言及特玉要看脫去宜不堪聽矣　粟白　九月初八日

近日京伶程艷秋梅蘭芳之徒到滬，日前見汽車舉國若狂
直停至四馬路，今日演遊園驚夢，昨日姚
文敷及袁海觀長子伯夔至拙抵茂所面懇，振兒
合串，我以賣戲名目不正，未允。今篤齋又有快信
相懇，為明年正月集串一事，須姚、袁諸人幫助
售票，請允其請。刻已寄快信允許，滬上往往
有此等作為人，怕出名其信往也。粟又點 示旨

信二十三

五姪如面：接初六日來書，知日飲腐漿一椀，又服生地、元參清熱之品，甚善。頌堯[一]近日如何，深念。初四日青浦曲叙，爾唱《賞荷》、《慘覩》。此次我在滬上[二]專與諸友談唱曲出口、轉腔、歇氣、取氣諸法，知者寥寥。振兒及繩祖[三]能明白此中之理，為諸人之冠。爾亦須明此理。吳中自葉氏之學[四]盛時，余於同治壬申十一年。春間，與諸老輩晤談，見余手書諸曲，隨手填宮譜，詫為近世無有其匹。即與韓華卿[五]先生言，此人可傳葉氏之學矣。韓公亦言，留心幾卅年，無一可傳。今得此人，我可傳彼。每到滬上，必學三五齣，每年至彼三四次不等，計九年，約二百齣。舊有百餘折，亦盡念過。蓋從前教曲，非樂工，另有專教曲者，文理皆〔通〕。韓先生云，道光中有王鳳鳴者，開音樂器店於閶，時年五十餘。每至人家拍期，惟帶一筆袋及紙一束。先詢公等欲清唱耶？欲聯白耶？說明後，欲習何曲即自首或從「引」起，或從白起，先寫至一曲，填宮譜完。每期三人，各寫竟後，即教拍。並無底本，信手録曲，有八百餘齣之多。曲文無一訛字。拍資三人每期半元。今之拍先不及其豪末耳！至說白，另囑班中專家教也。拍成一曲，上笛，後即與念，以唱法、出口、收音、遲速一一指明。今念曲一事，無人言及，將至要者脱去，宜不堪聽矣！

粟白　九月初八日

近日京伶程艷秋[六]梅蘭芳之徒。到滬，舉國若狂。日前見汽車直停至四馬路[七]。今日演《游園驚夢》。昨日姚文敷[八]及袁海觀長子伯夔[九]至批發所，面懇振兒合串。我以賣戲名目不正，未允。今蕅初又有快信相懇，為明年正月集串一事，須姚、袁諸人幫助售票，請允其請。刻已寄快信允許。滬上往往有此等作為，人怕出名，其信然也。

粟又啓　初八日

【注釋】

[一]須堯，名醫唐承齋之子，俞建侯的妻兄，青浦曲友。

[二]一九二二年一月，穆藕初成立「粟社」，宗俞粟廬之意。社員多達四十餘人，每月集會一次，常請俞粟廬莅臨指導。

[三]繩祖，參見信四注。

[四]葉氏，即葉堂，字懷庭，蘇州人，生活於清乾隆年間（一七三六—一七九五）。他在繼承魏良輔等前人的基礎上，對崑曲的唱法作了進一步的豐富與提高。其唱法的特點是「出字重，轉腔婉，結響沉而不浮，運氣斂而不促」，被稱為「葉派唱口」或「葉氏之學」。他撰寫的《納書楹曲譜》一書，被尊為崑曲唱法的最高準則。

[五]韓華卿，生卒年月不詳，按此信內容看，韓比俞大三十餘歲，為葉懷庭的再傳弟子。參見信五注。

[六]程艷秋，京劇四大名旦之一，後改名為程硯秋。一九二三年秋，程第一次到上海演出，須加演崑劇《游園驚夢》，團內無能唱崑曲的小生。經銀行家陳叔通推薦，請俞振飛與之合作。由此可見，此信寫於一九二三年。

[七]四馬路，今上海福州路。

[八]姚文敷，上海江海關總督。

[九]袁海觀，袁伯夔，皆粟社成員。

五姪如面：二姪此次到來，語言一切較從前大改，居然（字亦[illegible]淨）深悔前者為人煽惑，以致拮据云云。予答以今能一朝省悟，不患不復振。大姪日前持吳氏合居之家小照，手卷託為銷售，照係禹之鼎手筆，所題者有姜西溟及崑山徐乾學及其弟元文相國諸人（康熙鴻博多人題詩甚衆），雖非重值，略有微潤。十元籍可充卒歲之用。至其覓事一節，俟我至滬再為想法。其命非離所生之地不可，命中注

定勢難强也初意存往鄭州奈目下遍地匪類甚衆而該處本是戰地恐多周折俟稍緩再商月之十六日李平書來蘇新得洛陽出土唐初泉男生墓志銘歐陽通書詢之子每行卅餘字約二千多字堅勁精密唐人至精之品已託孫伯淵函致碑估寄來不若靈飛經僅有纖媚而已本年鄭州又出銅器六百餘件乃鄭莊公之墓地中之寶層出不窮此後帝王陵寢亦當出現矣北朝冦氏墓志爲四石吳門蔣氏在洛陽所得余先得拓本今在蘇城以初到未經摹拓常熟曾氏有卅餘種以江陽王妃石夫人及安樂王元詢二志最著名又有北齊唐初數十石開封圖書館有北魏劉根造象極精須十九又天津大陵河正光年造象如張猛龍碑者將來亦當集資託人往拓也　十一月二十日　粟白

余日内至滬應藹初之邀並令小班至徐凌雲家演劇爲新正集讌事

信二十四

五姪如面：二姪[一]此次到來，語言一切較從前大改，字亦潔淨，居然深悔前者為人煽惑，以致拮據云云。予答以今能一朝省悟，不患復振。大姪[二]日前持吴氏仝居之家小照手卷託為銷售。照係禹之鼎[三]手筆。所題者有姜西溟[四]及崑山徐乾學[五]及其弟元文相國[六]諸人，康熙鴻博[七]多人，題詩甚衆。雖非重值，略有微潤十元，藉可充卒歲之用。至其覓事一節，俟我至滬，再為想法。其命非離所生之地不可，命中注定，勢難强也。初意薦往鄭州，奈目下遍地匪類甚衆，而該處本是戰地，恐多周折，俟稍緩再商。月之十六日李平書來蘇，新得洛陽出土唐初《泉男生墓志銘》，歐陽通書詢之子。每行卅餘字，約二千多字，堅勁精密，唐人至精之品。已託孫伯淵函致碑估寄來。不若《靈飛經》僅有纖媚而已。本年鄭州又出銅器六百餘件，乃鄭莊公之墓地中之宝。層出不窮。此後帝王陵寢，亦當出現矣。北朝《寇氏墓志》四石，為吴門蔣氏在洛陽所得，余先得拓本。今在蘇城，以初到未經摹拓。常熟曾氏有卅餘種，以《江陽王妃石夫人》及《安樂王元詡》二志最著名。又有北齊唐初數十石，開封圖書館有北魏《劉根造象》，極精。須十元。又天津大陵河正光年造象如《張猛龍碑》者，將來亦當集資，託人往拓也。余日内至滬，應藹初之邀，並令小班至徐凌雲[八]家演劇，為新正集演事。

十一月二十日　粟白

【注釋】

[一] 二姪，俞遠振，號雋人。

[二] 大姪，見信十九注。

[三] 禹之鼎（一六四七—一七一三），清康熙年間大畫家，字尚吉，號慎齋，江蘇興化人，後寄籍江都（今揚州）。

[四] 姜西溟（一六二八—一六九九），名宸英，生活於康熙年間，慈溪人。工古詩文，善書法，七十歲中進士，後為編修。

[五] 徐乾學（一六三一—一六九四），崑山人，康熙九年（一六七〇）進士，授編修，官至刑部尚書，是清代大學者。

[六] 徐元文（一六三四—一六九一），徐學乾之弟，順治十六年（一六五九）狀元，官至文華殿大學士。

[七] 鴻博，即博學鴻詞科，為制科的一種，由各地推薦人才，皇帝特詔，臨時考試。康熙十八年（一六七九），舉行博學鴻詞科，考一賦一詩，康熙親自覽閱試卷，取一等二十名，二等三十名。

[八] 徐凌雲（一八八六—一九六六），字文杰，號摹煙，浙江海寧人，寓居上海。上海賡春曲社負責人之一，後為粟社的曲務部主任。生、旦、净、末、丑各行當，無所不精，俞振飛早年向他學過不少戲。一九二四年，崑劇傳習所到上海實習演出，就在徐家花園——徐園。可見此信寫於一九二三年底。俞粟廬為傳習所實習事親自到滬聯繫，説明他對培養崑劇接班人的重視。信中「小班」即指蘇州傳習所學員。

五姪如面：来書已悉。振兒廿七日至蘓，播君畫扇可交来，我託汪鼎丞（我亦帶来）交去，必成。伊向在汪學堂中就事耳。閲鈴曲止二支，名百板、武陵花，我當時亦曾費力，後得用氣之法，以呼（借）吸氣中加腔，須老曲家念成聯貫如一串驪珠，輕重虚實分明，如（自）然不覺其苦。從前教曲非目下之人，皆通文理（歇氣轉腔節節有法），出外教曲惟帶一枝筆、（紙）袋一，隨手而寫，或清曲或連白，胸中皆有七八百全齣，说白則蘓城老班字字音準，一字不可更。自咸豐庚申亂後，同治年中止賸一馬一琯者，雙目已瞽，尚能教曲，年六七十矣。又有周姓為碩竹城曲於署中，碩歷任首縣，与我甚善。又我所師者韓華卿先生，皆葉懷庭一派所云曲唱葉譜、老班说白，此一班人我皆晤面論論，（諸道）以一線相延，全賴於我云云。至今已五十年矣（同治壬申至今計五十一年）。我教成者亦有十餘人，皆未到六十而化去，能教者已無矣。

十一月廿四日 粟白

信二十五

五姪如面：來書已悉。振兒廿七日至蘇。潘君畫扇可交來，或爾帶來。我託汪鼎丞交去必成，伊向在汪學堂中就事耳。《聞鈴》曲止二支，名「百板武陵花」。我當時亦嫌費力。後得用氣之法，借呼吸氣中加腔，須老曲家念成，聯貫如一串驪珠，輕重虛實分明，自然不覺其苦。從前教曲，非目下之人，歇氣、轉腔，節節有法，皆通文理。出外教曲，惟帶紙一捲、筆袋一，隨手而寫，或清曲，或連白，胸中皆有七八百全齣。說白則蘇城老班，字字音準，一字不可更。自咸豐庚申[一]亂後，同治年中止賸一馬一瑨[二]者，雙目已瞽，尚能教曲，年六七十矣。又有周姓，為顧竹城[三]留於署中。顧歷任首縣，與我甚善。又我所師者韓華卿先生，皆葉懷庭一派。所云：曲唱葉譜[四]，老班[五]說白。此一班人，我皆晤面。講論以此道一線相延，全賴於我，云云。至今已五十年矣！同治壬申至今計五十一年。我教成者亦有十餘人，皆未到六十而化去，能教者已無矣！

粟白　十一月廿四日

【注釋】

[一] 咸豐庚申，即一八六〇年。

[二] 馬一瑨，同治年間曲師，生平不詳。

[三] 顧竹城，光緒年間蘇州縣官。

[四] 葉譜，即葉懷庭所著《納書楹曲譜》。

[五] 老班，指成立於道光前的四大崑班：大章、大雅、洪福、全福。

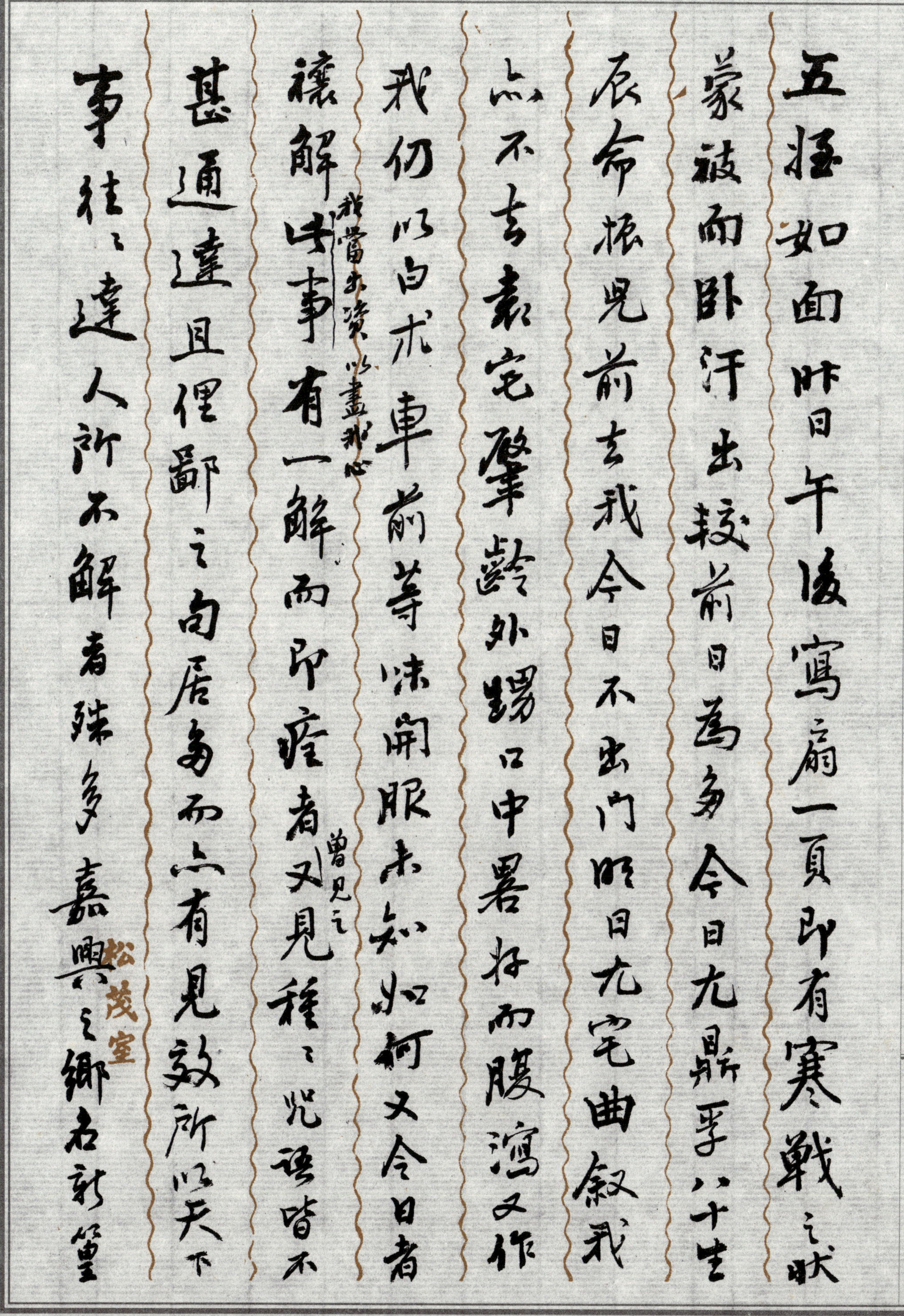
五姪如面：昨日午後寫扇一頁，即有寒戰之狀，蒙被而卧，汗出較前日為多。今日九鼎等八十生辰，命振兒前去。我今日不出門，明日九宅曲叙，我亦不去。袁宅肇齡外甥口中暑，好而腹瀉又作，我仍以白术車前等味開服，未知如何。又今日者襟解此事，有一解而即痊者，又見種種怨語皆不甚通達，且俚鄙之句居多，而亦有見效，所以天下事往往達人所不解者殊多。嘉興之鄉名新篁

里者張叔未之故里也其家一切碑帖諸件均已售罄
惟贋宣示表一通及題跋約兩三紙其石尚存其家
當二百年前桐鄉金氏以上等湖田十畝易此石有
賈似道圖章當宋理宗將大内名蹟盡賜似道
有廖瑩中者善鑒別能精刻一應刻件皆出其
手向來逢考試必有人至新篁里拓幾紙出售
每紙半元我曾購得舊拓今在紫東處刻下此石
尚存將來或想法購出也　五月初十日粟白

信二十六

五姪如面：昨日午後寫扇一頁，即有寒戰之狀。蒙被而卧，汗出較前日為多。今日尤鼎孚[一]八十生辰，命振兒前去。我今日不出門。明日尤宅曲叙，我亦不去。袁宅肇齡[二]外甥，口中署好，而腹瀉又作。我仍以白朮、車前等味開服，未知如何。又今日者禳解，我當出資，以盡我心。此事有一解而即痊者，曾見之。又見種種咒語皆不甚通達，且俚鄙之句居多，而亦有見効。所以天下事往往達人所不解者殊多。嘉興之鄉名新篁里者，張叔未[三]之故里也。其家一切碑帖諸件，均已售罄。惟贋《宣示表》一通及題跋，約兩三紙。其石尚存，其家當二百年前，桐鄉金氏以上等湖田十畝易此石。有賈似道圖章，當宋理宗將大内名蹟盡賜似道。有廖瑩中者，善鑒別，能精刻。一應刻件，皆出其手。向來逢考試，必有人至新篁里拓幾紙出售，每紙半元。我曾購得舊拓，今在紫東處。刻下此石尚存，將來或想法購出也。

五月初十日　粟白

【注釋】

[一]尤鼎孚，見書信十注。

[二]信二十一提到袁宅外甥肇齡病故事，説明此信應在信二十一之前。

[三]張延濟（一七六八—一八四八），號叔未，浙江嘉興新篁里人，金石學家、書法家、收藏家。

五姪如面：昨日寄復一函，内有未盡言者，茲
補述之。所云教曲之寶山盡是嘉興土曲，彼之曲本切勿
抄錄。尔所要者，或託振兒或從我處寄上，照會可也。
真正教曲之師早已無矣，我維持廿年，教成者
有烏鎮鍾墨緣，有二百餘齣，辛亥四月辭世，年
五十八。又有松江蔣宗吉，亦有二百齣，皆能吹笛，庚戌二月
化去。（五十六歲）又震澤程鴻徵與我同歲，亦吹笛，有一百數十齣，
至六十歲中風癱瘓十年，前年辭世，其餘善唱者
能吹者不下五六十人。至前五年，青楓涇内外科孔（化去之）
琴伯，小我三歲，唱正旦，烏鎮人，年七十二，口齒有力，許若村
相識，可一問。嘉興官皆不明四聲陰陽，所改之腔皆
不合耳。即目下在滬之金壽生，雖極意將前曲改換，而
總未能入格，傳派之不能不考究，一味瞎哼哼，終無是處。
昨見西泠印社所刻書目一冊（書皆名家，伊代銷而已），有高南阜詩（善畫刻印，兒好）
集七卷（高鳳翰，閩人）一元，詩筆極佳，非尋常人可及。正月廿三日 粟白

又，當歸草堂丁氏刻醫學叢書，二元八角，目錄開於左（十二種）
顱顖經二卷 衛濟寶書二卷 產寶一卷 瑞竹堂方五卷 痎瘧論疏
急救仙方六卷 太醫局程文九卷 一卷
傳信方四卷（元人） 濟生方八卷 產育寶慶二卷 銅人鍼灸經七卷 明堂灸經八卷

信二十七

五姪如面：昨日寄復一函，内有未盡言者，兹補述之。所云教曲之寶山[一]盡是嘉興土曲。彼之曲本切勿抄録。爾所要者，或託振兒，或從我處寄上，照念可也。真正教曲之師，早已無矣。我維持五十年，教成者有烏鎮鍾墨緣，有二百餘齣，辛亥四月辭世，年五十八。又有松江蔣定炎，亦有二百齣，皆能吹笛，庚戌二月化去，五十六歲。又震澤程鴻徵，與我同歲，亦吹笛，有一百數十齣，至六十歲中風癱瘓，十年前辭世。其餘善唱略能吹者不下五六十人。至前五年，在楓涇化去之内外科孔琴伯，小我三歲，唱正旦，烏鎮人，年七十二，口齒有力。許蓉村[二]相識，可一問。嘉興宫皆不明，四聲陰陽，所改之腔皆不合耳。即目下在滬之金壽生[三]，雖極意將前曲改换，而揔未能入格。傳派之不能不考究，一味瞎呼呼，終無是處。昨見西泠印社所刻書目一册，書皆各處，伊代銷而已。有《高南阜善畫，刻印尤妙詩集》七卷，高鳳翰，閩人。一元，詩筆極佳，非尋常人可及。

正月廿九日　粟白

又當歸草堂丁氏刻《醫學叢書》，二元八角。目録開於左十二種：《顱顖經》三卷，《衛濟寶吾》二卷，《産寶》一卷，《瑞竹堂方》五卷，《痎瘧論疏》一卷，《傳信方》四卷，《濟生方》八卷，《急救仙方》六卷，《太醫局程文》九卷，《元人産育寶慶》二卷，《銅人鍼灸經》七卷，《明堂灸經》八卷。

【注釋】

[一]寶山，嘉興拍先。

[二]許蓉村，青浦曲友。

[三]金壽生，滬上曲友，生平不詳。

五孫如面來書得悉燮卿孫到閣
鎮兜銷廠布此子勝其乃祖乃父多耳
伊祖少泉年近五旬素患血症自少至老
家遠從至泗涇鎮（二十四里）蓋松人從前大都如此
余嘗笑其跼於天地也少泉子桐生能耐
勞苦克勤克儉而體氣不强未及四十已有
痰飲氣喘之病年四十七即化去燮卿
尚有二弟經余薦在滬三馬路何氏綢緞
鋪已有十年外矣（小者止三年）而面貌不及燮卿
開展我家之新生小孩三朝後頭上起腫醫言
胎毒罨紅而延至頭頂（頂並發寒熱）遂至不治（十六夜五鐘）此亦一苦
劫之奈何振兒廿六日往滬即到汪處並晤必
續尊事薦初已往鄭州（滬上之廠已停）粟白
正月二十日

松茂室

信二十八

五姪如面：來書得悉。燮卿姪孫到閣鎮兜銷廠布。此子勝其乃祖、乃父多耳。伊祖少泉，年近五旬，素患血症，自少至老，最遠僅至泗涇鎮。二十四里。蓋松人從前大都如此。余嘗笑其踏煞六尺地也。少泉子桐生，能耐勞苦，克勤克儉，而體氣不強，未及四十，已有痰飲氣喘之病，年四十七即化去。燮卿尚有二弟，經余薦在滬三馬路何氏綢緞鋪，已有十年外矣，小者止三年。而面貌不及燮卿開展。我家新生小孩[一]三朝後，頭上忽腫，醫言胎毒，暑紅而延至頭頂，並無寒熱，遂至不治，十六夜五鐘。此亦無如之奈何！振兒廿二日往滬，即到汪處，並習公牘等事。溥初已往鄭州。滬上之廠已停。[二]

粟白　正月二十日

【注釋】

[一]指俞振飛的第一個兒子，三朝夭折。一九二二年春，俞振飛與馮超然的表妹范品珍結婚。俞粟廬抱孫心切，請馮介紹，馮就將表妹介紹給俞振飛。俞振飛對范毫無感情，後來離婚。

[二]滬上紗廠停工，指一九二三年一月間，上海華商各紗廠因花貴紗賤，相繼停工，至三月，停機一半。（見《穆藕初先生年譜》）

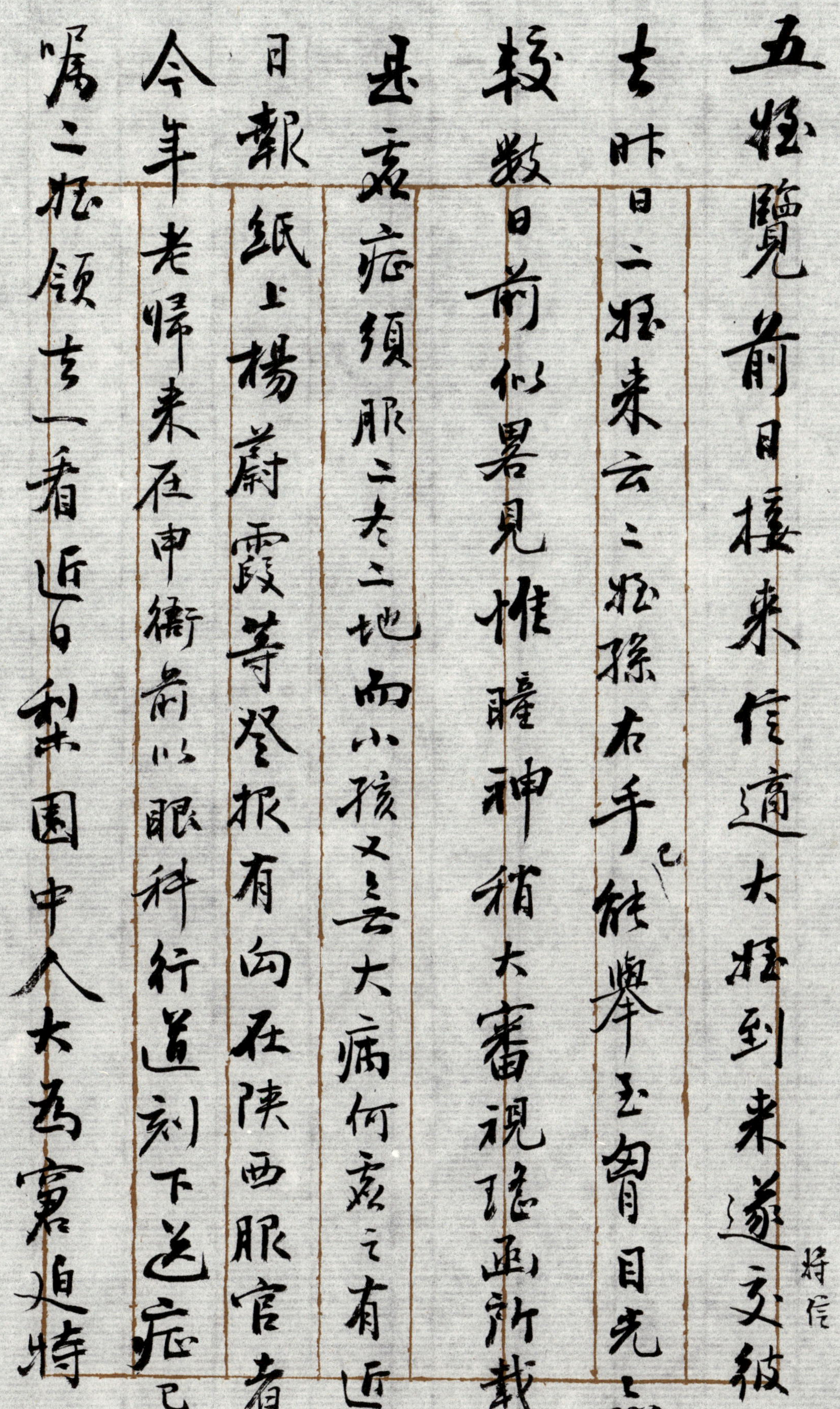
五姪覽前日接來信適大姪到來遂將信交彼去昨日二姪來云二姪孫右手已能舉至胸目光亦較數日前似略見惟瞳神稍大審視瑤函所載是衰症須服二冬二地而小孩又無大病何衰之有近日報紙上楊蔚霞等登報有向在陝西服官者今年老歸來在申衛前以眼科行道刻下送症已囑二姪領去一看近日梨園中人大為窘迫時

假全浙全省會館請曲界中人集串三日今日
為始而振兒為謝宅喜事須十九日二班車到蘇
也施桂林陳琁錦等皇皇然不可終日之勢
矣明歲滬上既無着落出門又乏資本若仍
假會館演劇四五日即欲轉頭勢必冷落行將
垂斃除小采云沈盤生之外盡有烟癖大花面
尤順卿行同乞丐其餘亦多瑟縮寒酸幾無
神氣五畝園有三人上等又有三四人中等 須再習三年

粟白 十二月十七日

信二十九

五姪覽：前日接來信，適大姪到來，遂將信交彼去。昨日二姪來云，二姪孫右手已能舉至胸，目光亦較數日前似畧見，惟瞳神稍大。審視瑶函所載，是虛症，須服二冬二地。而小孩又無大病，何虛之有？近日報紙上楊蔚霞等登報，有向在陝西服官者，今年老歸來，在申衙前以眼科行道。刻下送症，已囑二姪領去一看。近日梨園[一]中人大為窘迫，特假全浙全省會館，請曲界中人集串三日，今日為始。而振兒為謝宅喜事，須十九日二班車到蘇也[二]。施桂林[三]、陳琁錦[四]等皇皇然不可終日之勢矣。明歲滬上既無着落，出門又乏資本，若仍假會館演劇，四五日即欲轉頭，勢必冷落，行將垂斃。除小采云[五]、沈盤生[六]之外，盡有煙癖。大花面尤順卿[七]行同乞丐。其餘亦多瑟縮寒酸，幾無神氣。五畝園[八]有三人上等，又有三四人中等。須再習三年。[九]

粟白 十二月十七日

【注釋】

[一] 梨園，指在蘇州坐城的全福班。
[二] 俞振飛回蘇參加了這次集串演出。謝宅，謝繩祖家。
[三] 施桂林，全福班藝人，工六旦。
[四] 陳琁錦，全福班藝人。
[五] 小采云，全福班藝人。

〔六〕沈盤生，全福班藝人，工小生，尤擅翎子生。沈壽林之孫，沈月泉之姪。

〔七〕尤順卿，全福班藝人，工大面。

〔八〕五畝園，在蘇州城北桃花塢，原是私家花園，幾經戰亂，荒蕪不堪，後為寄放棺材之場所，稱之為「善堂」。一九二一年成立崑劇傳習所時，就借五畝園作校舍。

〔九〕崑劇傳習所規定，學制五年，其中學戲三年，幫師二年。可見此信寫於一九二三年底。

五短如照來書及臨衡方碑得悉一切皆書
從紙背觀之即知轉折着力處及和處雖輕
包慎伯所云如針畫者若無功力者和塵在紙
上尔作此甚佳余檢出舊札器司晨尔可時時將
來西狭頌亦須多臨自可功力日增頂磬無勤
學殊甚未及三年口齒已有動一切唱法亦有
所得滬上粟社中將來可出數人惟吳中道和一無
進意貝氏諸人一相情願無太甚可讀一句大不如滬上粟

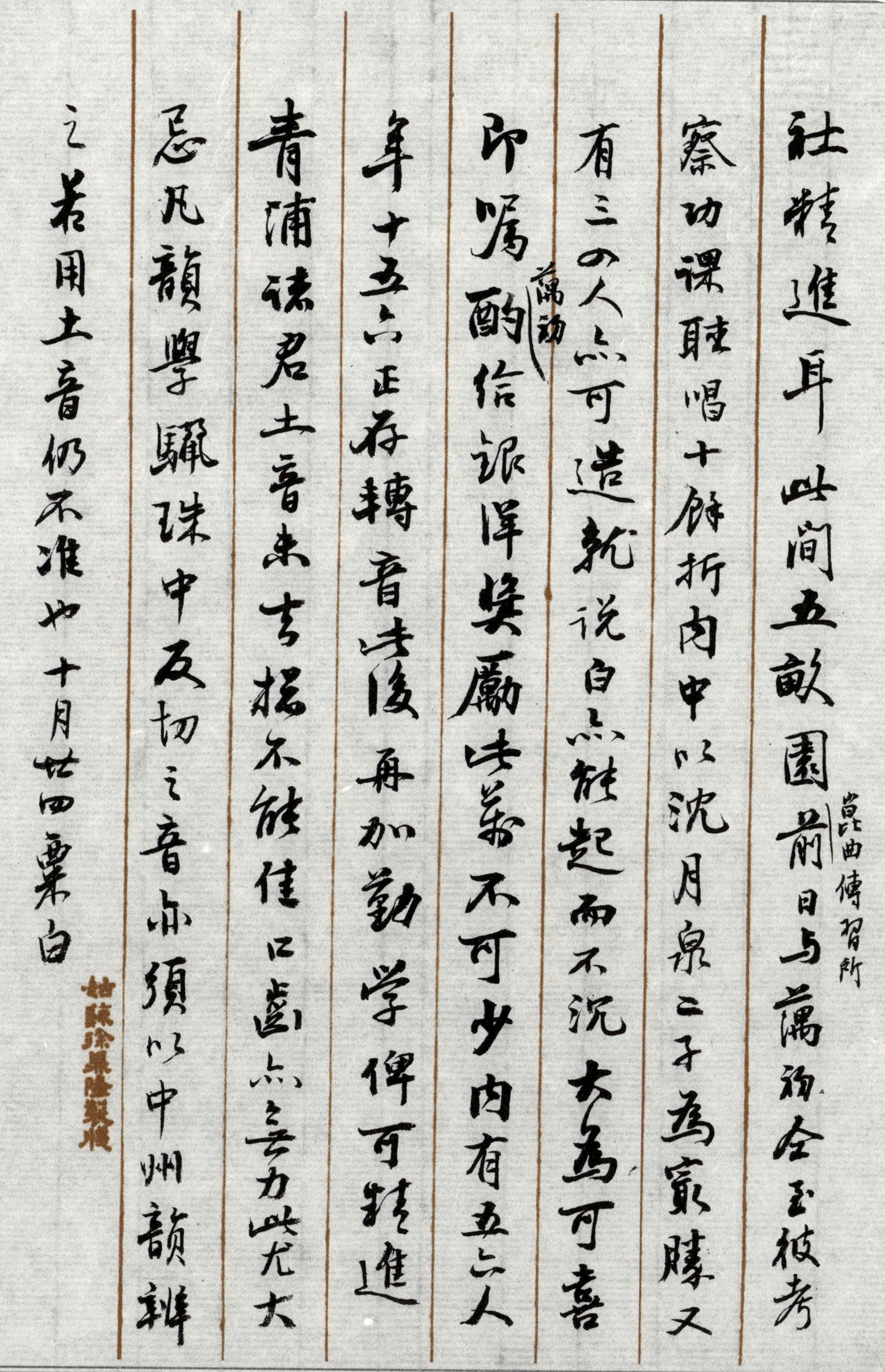
社精進耳。此間五畝園崑曲傳習所前日與滿初仝至彼考察功課，聽唱十餘折，內中以沈月泉二子為最勝，又有三四人亦可造就，說白亦能起而不沉，大為可喜，即囑滿初酌給銀洋獎勵，此萬不可少。內有五六人年十五六正存轉音，此後再加勤學，俾可精進。青浦諸君土音未去，揔不能佳，口齒亦無力，此尤大忌。凡韻學驪珠中反切之音亦須以中州韻辨之，若用土音仍不准也。十月廿四粟白

信三十

五姪如晤：來書及臨《衡方碑》，得悉一切。臨書從紙背觀之，即知轉折着力處及虛和處雖輕，包慎伯所云，如針畫者，若無功力者，如塵落在紙上。爾作此甚佳。昨日余撿出舊《禮器》、《司晨》，爾可時臨。將來《西狹頌》亦須多臨，自可功力日增。項馨吾[一]唱曲勤學殊甚。未及三年，口齒已有勁，一切唱法亦有所得。滬上粟社中將來可出數人，惟吴中道和貝氏[二]一無進意。貝氏諸人一相情願太甚，無可談一句，大不如滬上粟社精進耳！此間五畝園崑曲傳習所，前日與滿初仝至彼，考察功課，聽唱十餘折。內中以沈月泉二子[三]為最勝[四]，又有三四人亦可造就。說白亦能起而不沉，大為可喜！即囑滿初酌給銀洋獎勵。此萬不可少。內有五六人，年十五六，正存轉音，此後再加勤學，俾可精進。青浦諸君，土音未去，揔不能佳。口齒亦無力，此尤大忌。凡《韵學驪珠》中反切之音，亦須以中州韵辨之。若用土音，仍不准也。

十月廿四　粟白

【注釋】

[一]項馨吾，粟社成員，工旦。

[二]貝氏，指道和曲社中貝晉眉等人。

[三]沈月泉，原全福班藝人，工小生，但生旦淨末丑各行當，無所不能。崑劇傳習所成立時，延請他當教師，人稱「大先生」。

[四]沈月泉二子，一為沈傳芷，工正旦；一為沈傳錕，工淨，是沈月泉的姪子。

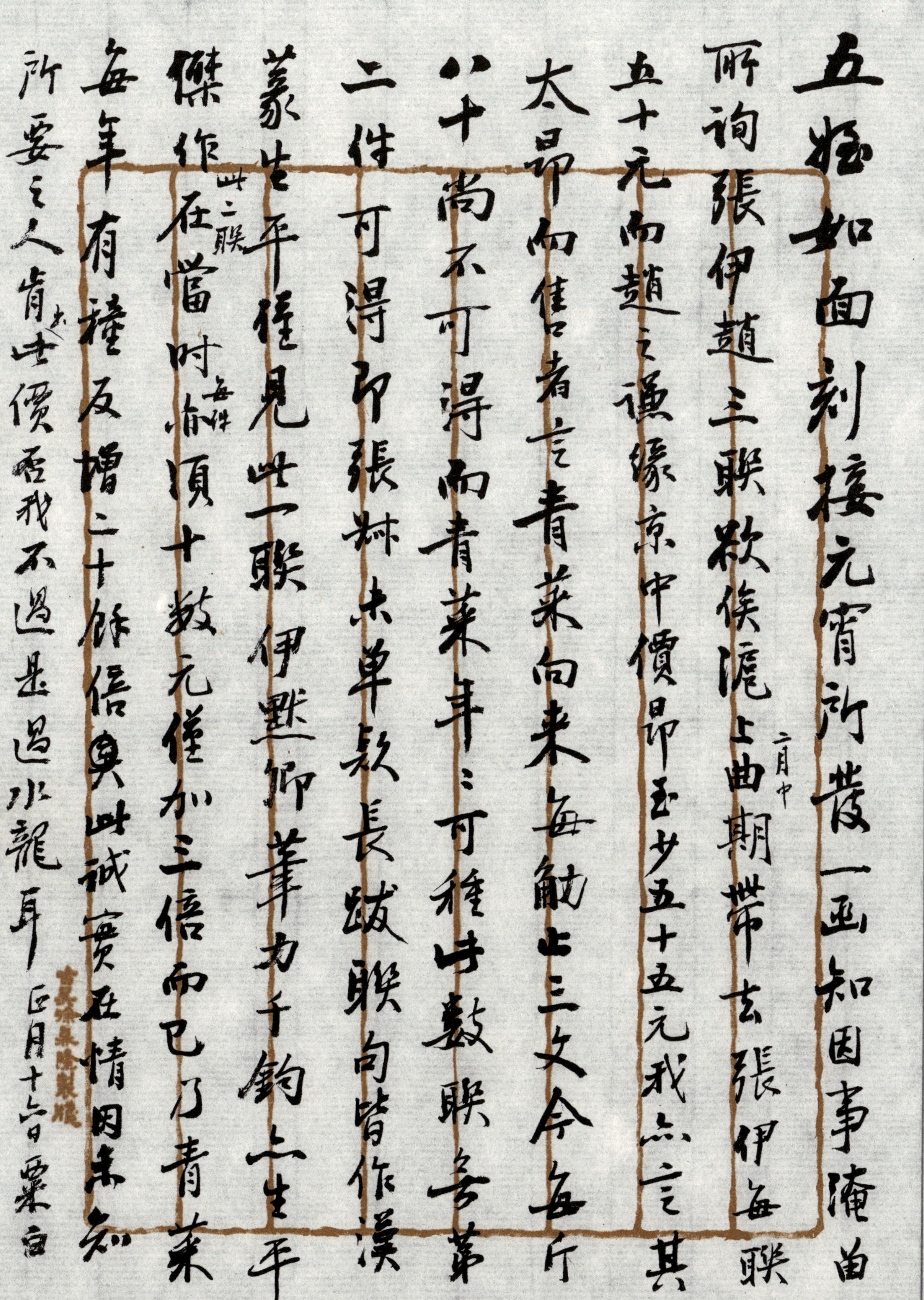
五姪如面：刻接元宵所發一函，知因事淹留。所詢張伊趙三聯，欲俟滬上二月中曲期帶去。張伊每聯五十元，而趙之謙緣京中價昂，至少五十五元。我亦言其太昂，而售者言，青菜向來每觔止三文，今每斤八十，尚不可得。而青菜年年可種，此數聯無第二件可得。即張叔未單款長跋，聯句皆作漢篆，生平僅見此一聯。伊默卿筆力千鈞，亦生平傑作。此二聯在當時每件亦須十數元，僅加三倍而已。乃青菜每年有種，反增二十餘倍，此誠實在情。因未知所要之人肯出此價否，我不過是過水龍耳。正月十六日　粟白

信三十一

五姪如面：刻接元宵所發一函，知因事淹留。所詢張、伊、趙[一]三聯，欲俟滬上二月中曲期帶去。張、伊每聯五十元，而趙之謙緣京中價昂，至少五十五元。我亦言其太昂，而售者言，青菜向來每觔止三文，今每斤八十，尚不可得。而青菜年年可種，此數聯無第二件可得。即張叔未單款長跋，聯句皆作漢篆，生平僅見此一聯。伊默卿筆力千鈞，亦生平傑作。此二聯在當時每件亦須十數元，僅加三倍而已。乃青菜每年有種，反增二十餘倍，此誠實在情。因未知所要之人肯出此價否，我不過是過水龍耳。

正月十六日　粟白

【注釋】

[一] 張、伊、趙，即張叔未、伊默卿、趙之謙，皆晚清書法家。張叔未，參見信二十六注。

五姪如面：昨得來書，知爾初十後與頌堯兄到蘇為慰。振兒十二月廿七回來，初九下午往滬，為萬初十日北行，欲面言一切耳。我俟滬上粟社二月初旬曲期，當一去也。此間汪鼎丞、張子昜、祁陶甫、項平甫等訂定本月廿二日起三、六、九日相敘念曲，在宮巷南口祁處（不能去之）。爾所臨衡方碑紙背觀之，即知功力之進，可喜之至。此後每日寫數張，二年後自可立定根基。此道無根基者不能成也。滬上之鄭蘇堪筆筆浮而不實，一無是處，不值識者一笑（又有曾農髯者，亦是一團假氣）。李梅庵已化去，今其無人顧問矣。吳倉石近為倭人所用，伊專畫之家似者，并翻伊印章蓋之，愚矣。加題伊竟直認當時得意之作，遂為倭奴輕視，謂倉石並無真實功夫，不過欺人而已。今倉石專畫倭人一概不收，向來售四五十元者，今則十元無人購矣，大為掃興焉。吾邑之上年七十一而化去，其所遺碑刻，今為爾四舅母唐杏芳夫人購去。　癸亥正月廿一日粟白

信三十二

五姪如面：昨得來書，知爾初十後與頌堯[一]兄到蘇，為慰。振兒十二月廿七回來，初九下午往滬，為滿初十一日北行，欲面言一切耳。我俟滬上粟社二月初旬曲期，當一去也。此間汪鼎丞、張子曼、祁陶甫、項平甫等訂定本月廿三日起，三、六、九日相敘念曲，在宮巷南口祁處，不能却之。爾所臨《衡方碑》，紙背觀之，即知功力之進，可喜之至。此後每日寫數張，二年後自可立定根基。此道無根基者，不能成也。滬上之鄭蘇堪[二]輩，筆筆浮而不實，又有曾髯農[三]者，亦是一團假氣，一無是處，不值識者一笑。李梅庵[四]已化去，今其書無人顧問。吴倉石[五]近為倭人[六]臨伊書畫之最似者，并翻伊印章蓋之，囑吴加題。伊竟直認當時得意之作，遂為倭奴輕視。謂倉石並無真實功夫[七]，不過欺人而已。今倉石書畫倭人一概不收，向來售四五十元者，今則十元無人購矣！大為掃興。高邕之上年七十一而化去，其所遺碑刻，今為爾四舅母唐杏芬夫人購去。

癸亥[八]正月廿一日　粟白

【注釋】

[一] 頌堯，俞建侯之妻兄。

[二] 鄭蘇堪，即鄭孝胥。福建人，清光緒八年（一八八二）舉人，曾歷任廣西邊防大臣、安徽、廣東按察使、湖南布政使等。辛亥革命後，以遺老自居，寓居上海。一九三二年任偽滿州國總理兼文教總長等。

[三] 曾髯農（一八六〇—一九三一），即曾熙，湖南人，光緒廿九年（一九〇三）進士。清亡後，寓居上海，以賣字為生。來楚生、王若舟都拜其為師。

[四] 李梅庵，即李瑞清，臨川人，晚號清道人。光緒癸巳舉人，官至學部侍郎。工書，與曾熙同時，被譽為「南曾北李」。晚年寓居上海。

[五] 吴倉石，即吴昌碩。

[六] 倭人，指日本人。

[七] 真實功夫，原信前衍一「直」字，今刪。

[八] 癸亥，即一九二三年。

五姪如面：三月二十日与振兒到滬，藹初已在車站
等候，即至楊樹浦住穆宅，即往平書、倉石諸君。
登申新報紙，仿單亦由彼增加。日前已書聯六尺、
五尺各一聯。藹初今日至南京，由漢口到鄭州，大
約半月回滬，而我今日亦欲回蘇。書件因超然處
店家本有往來，較便，此後寫件當郵寄至蘇，
亦便。滬上所謂書家，皆不值一笑；畫家除馮超然之外，
盡是盲人騎瞎馬。爾等須將漢魏碑刻盡力操

練，純粹，切忌忽略，須筆筆站得定，尤忌杜撰草
率。能用五六年苦功，即可行道。務須大小皆能，
即可寵畢備草。四姪前日唱草地，自首至尾尚
得完善無誤，其平日於此中用心可知。昨日振兒
交來寧陵公主墓誌一些收到，此石今為倭人購
去，係董康之物。我當時曾購數紙，每些僅一元，今惟
此一紙，目下價增十倍矣。滬地大暑天，不能任俟中秋以
後再來也。粟社諸人亦多用功，遠勝吳中耳。粟白 四月初一

信三十三

五姪如面：三月二十日與振兒到滬。溝初已在車站等候，即至楊樹浦，住穆宅。即經平書、倉石諸君登申新報紙，仿單亦由彼增加。日前已書聯六尺、五尺各一聯。溝初今日至南京，附輪由漢口到鄭州，大約半月回滬。而我今日亦欲回蘇。書件因超然處店家本有往來較便，此後寫件當郵寄至蘇亦便。滬上所謂書家，皆不值一笑。畫家除馮超然之外，盡是盲人騎瞎馬！爾等須將漢魏碑刻，盡力操練純粹，切忌忽略，須筆筆站得定，尤忌杜切草率。能用五六年苦功，即可行道。務須大小皆能，即可籠罩儕輩。四姪前日唱《草地》，自首至尾，尚得完善無誤。其平日於此用心可知。昨日振兒交來《寧陵公主墓銘》一張，收到。此石今為倭人購去，係董康[一]之物。我當時曾購數紙，每張僅一元。今惟此一紙，目下價增十倍矣！滬地大暑天，不能住，俟中秋以後再來也。粟社諸人却多用功，遠勝吳中耳。

粟白　四月初七日

【注釋】

[一] 董康（一八六七—一九四七），近代藏書家、法律家、大律師。一八八九年中舉人，後又中進士，歷任刑部主事、部中。一九〇八年清政府頒佈中國歷史上第一部憲法——《欽定憲法大綱》，正是由他編寫。一九一一年辛亥革命後，他再次東渡日本留學，專攻法律。回國後，曾在北洋政府任職。抗戰爆發後，曾擔任華北僞政權官員，一九四〇年改任汪僞國民政府政務委員會委員、汪僞國民政府委員。抗戰勝利後被捕，一九四七年病逝。

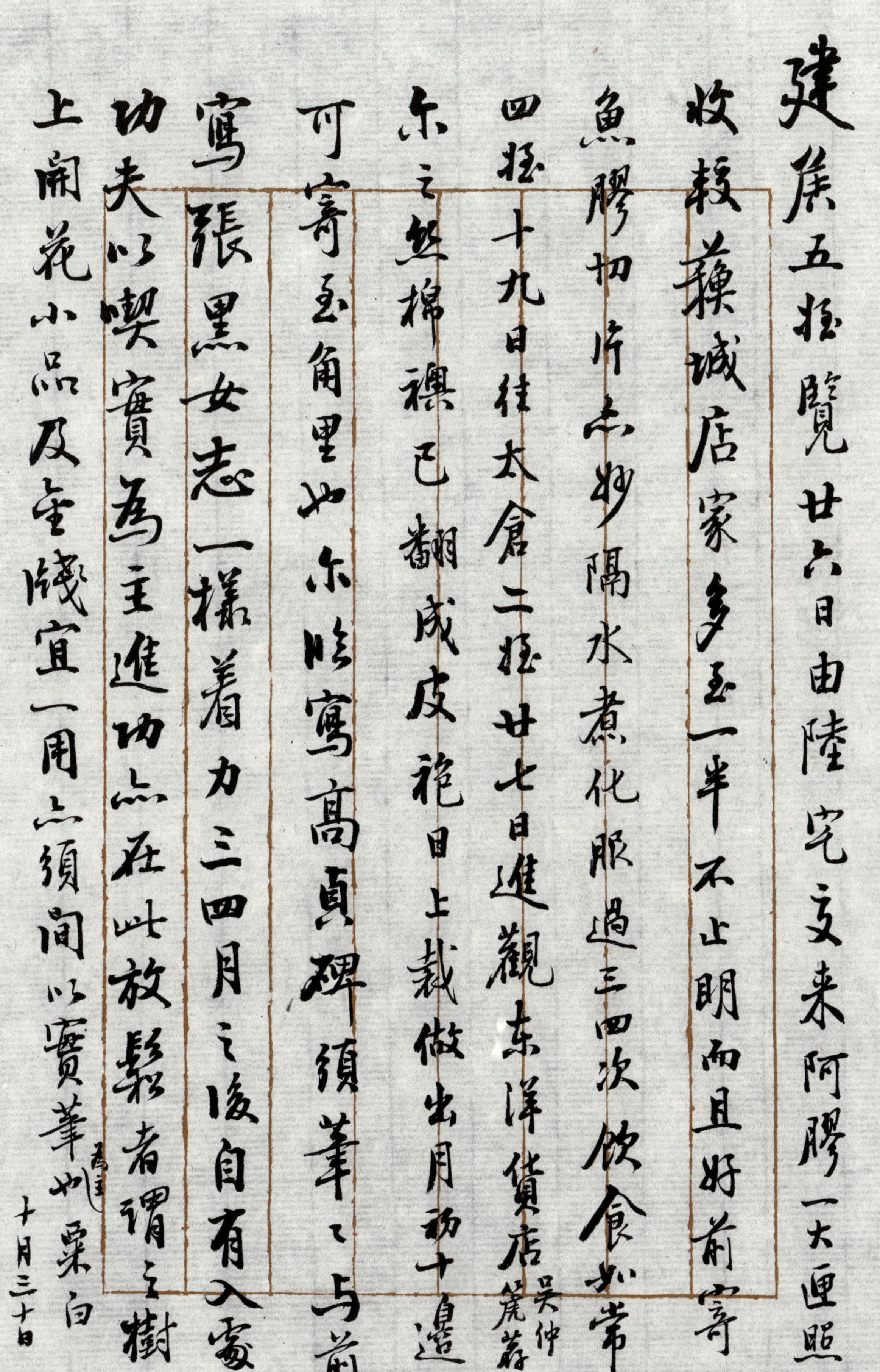
建侯五姪覽：廿六日由陸宅交來阿膠一大匣照收，較蘇城店家多至一半不止，明而且好。前寄魚膠切片亦妙，隔水煮化服過三四次，飲食如常。四姪十九日往太倉，二姪廿七日進觀東洋貨店（吳仲麓蓀），亦之。然棉襖已翻成皮袍，日上裁做，出月初十邊可寄至甪里。如亦晗寫高貞碑，須筆筆與前寫張黑女志一樣，着力三四月之後，自有入處。功夫以喫實為主，進功亦在此，放鬆者謂之樹上開花，小品及金箋宜一用，亦須間以實筆。粟白

十月三十日

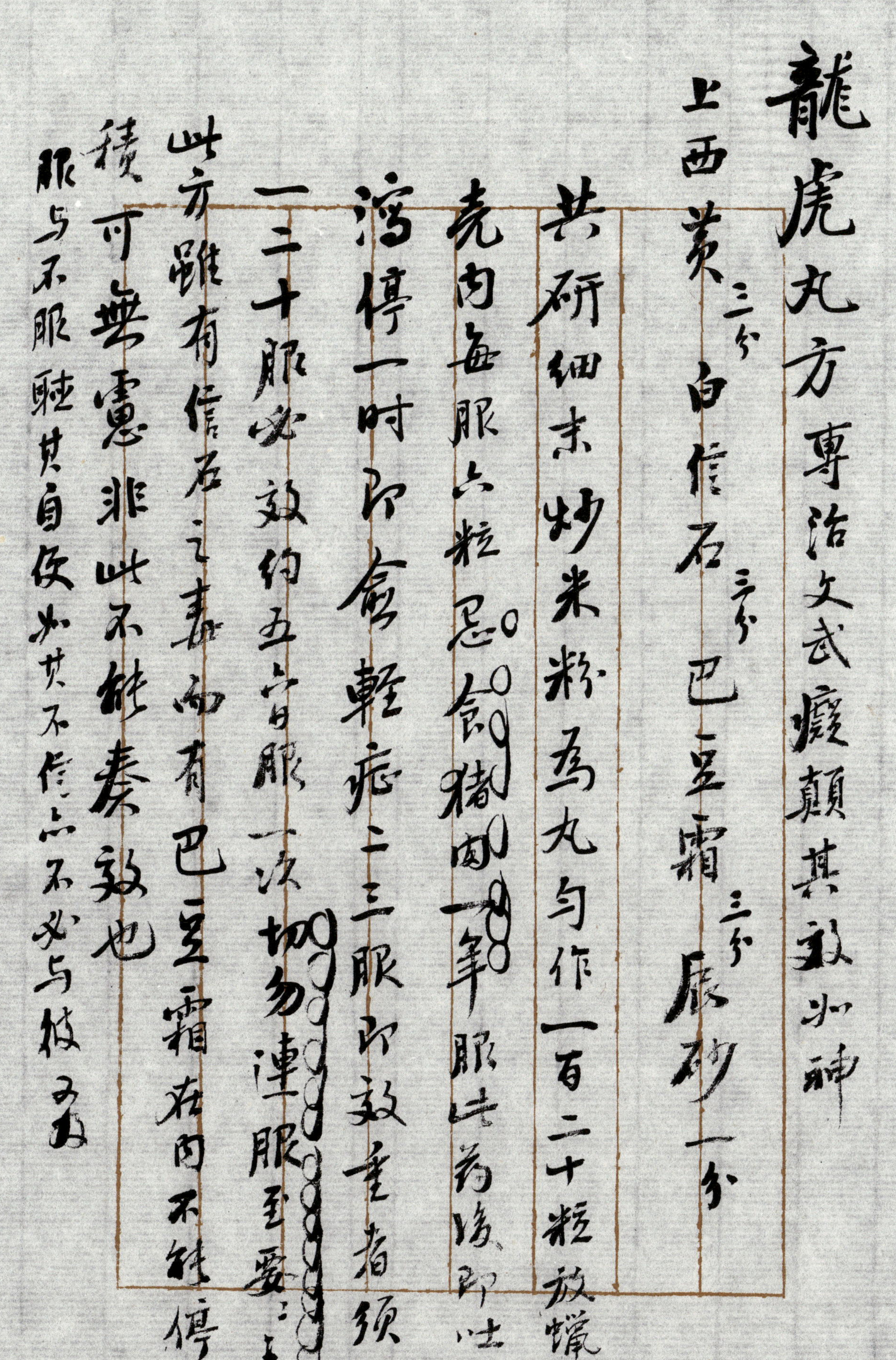
龍虎丸方 專治文武癡顛其效如神
上西黄三分 白信石三分 巴豆霜三分 辰砂一分
共研細末炒米粉為丸匀作一百二十粒放蠟殼內每服六粒忌食猪肉一年服此藥後即吐瀉停一時即愈輕症二三服即效重者須一二十服必效約五六日服一次切勿連服至要至要
此方雖有信石之毒而有巴豆霜在內不能停積可無慮非此不能奏效也
服與不服聽其自便如其不信亦不必與彼 又及

信三十四

建侯五姪覽：廿六日由陸宅交來阿膠一大匣，照收。較蘇城店家多至一半不止，明而且好。前寄魚膠切片，亦妙。隔水煮化，服過三四次，飲食如常。四姪十九日往太倉。二姪廿七日進觀東洋貨店。吴仲箎薦。爾之絲棉襖已翻成皮袍，日上裁做，出月初十邊可寄至角里也。爾臨寫《高貞碑》須筆筆與前寫《張黑女志》一樣着力。三四月之後，自有入處。功夫以喫實為主，進功亦在此。放鬆者謂之樹上開花，小品及金牋宜一用，亦須間以實筆為主也。

粟白　十月三十日

龍虎丸方：專治文武癡顛，其效如神。

上西黄三分　白信石三分　巴豆霜三分　辰砂一分

共研細末，炒米粉為丸，匀作一百二十粒，放蠟殼內，每服六粒。忌食猪肉一年，服此藥後即吐瀉，停一時即愈。輕症二三服即效。重者須一二十服必效。約五六日服一次。切勿連服，至要，至要！

此方雖有信石之毒，而有巴豆霜在內，不能停積，可無慮。非此不能奏效也。服與不服，聽其自便。如其不信，亦不必與彼。又及。

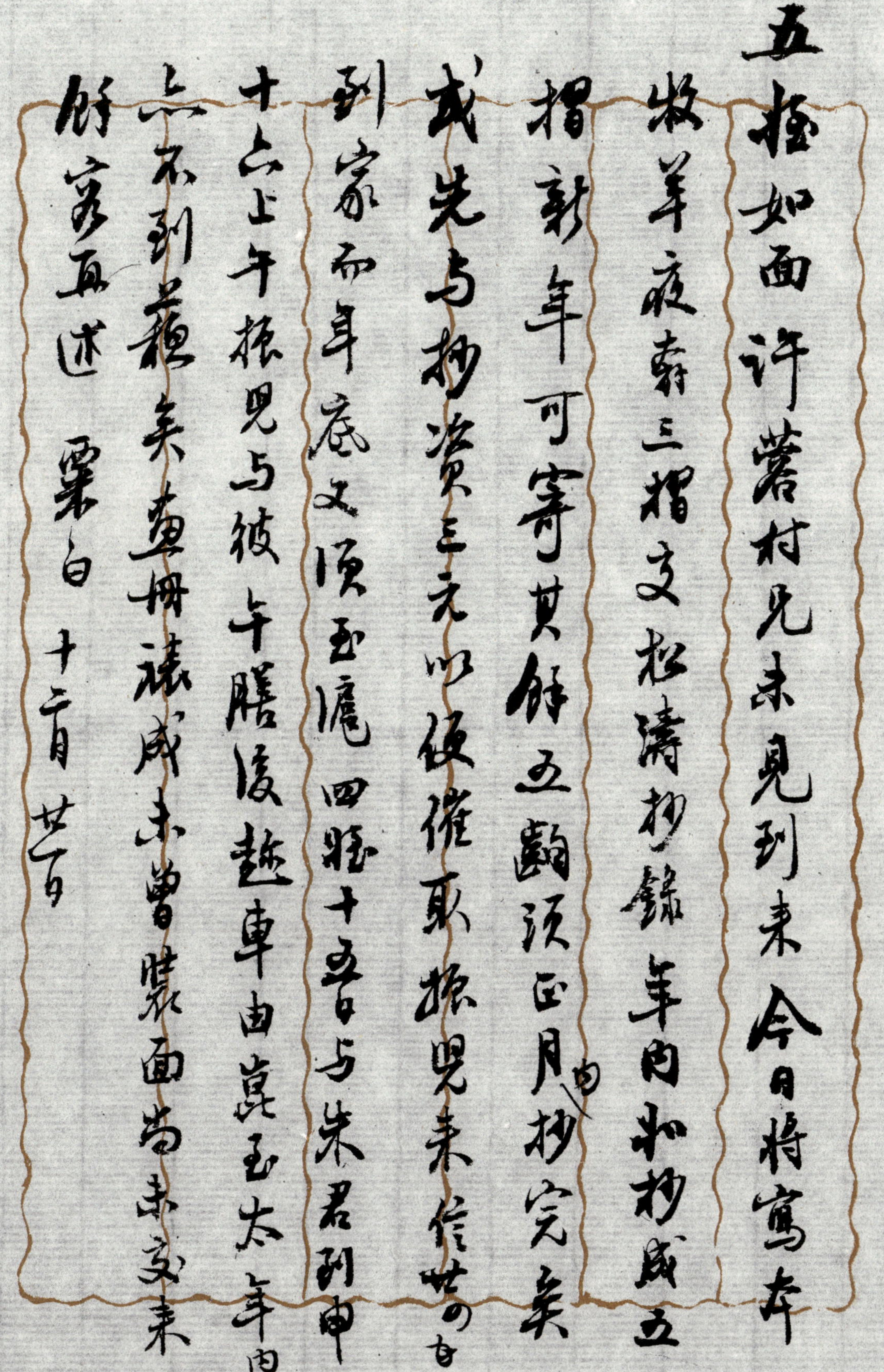

五姪如面許蓉村兄未見到來今日將寫本
牧羊夜奔三摺交松濤抄錄年内如抄成五
摺新年可寄其餘五齣須正月内抄完矣
或先與抄資三元以便催取振兒來信廿四日
到家而年底又須至滬四姪十五日與朱君到申
十六上午振兒與彼午膳後趁車由崑至太年内
亦不到蘇矣畫冊裱成未曾裝面尚未交來
餘容再述 粟白 十二月廿一日

信三十五

五姪如面：許蓉村[一]兄未見到來。今日將《寫本》、《牧羊》、《夜奔》三摺交松濤[二]抄録。年内如抄成五摺，新年可寄。其餘五齣須正月内抄完矣。或先與抄資三元，以便催取。振兒來信廿四日到家，而年底又須至滬。四姪十五日與朱君[三]到申。十六上午振兒與彼午膳後，趁車由崑至太[四]。年内亦不到蘇矣。畫册裱成，未曾裝面，尚未交來。餘容再述。

粟白　十二月廿一日

【注釋】

[一] 許蓉村，青浦曲友。

[二] 松濤，生平不詳。

[三] 朱君，俞粟廬四姪遠曜之同學。

[四] 太，即太倉，四姪遠曜在太倉工作。

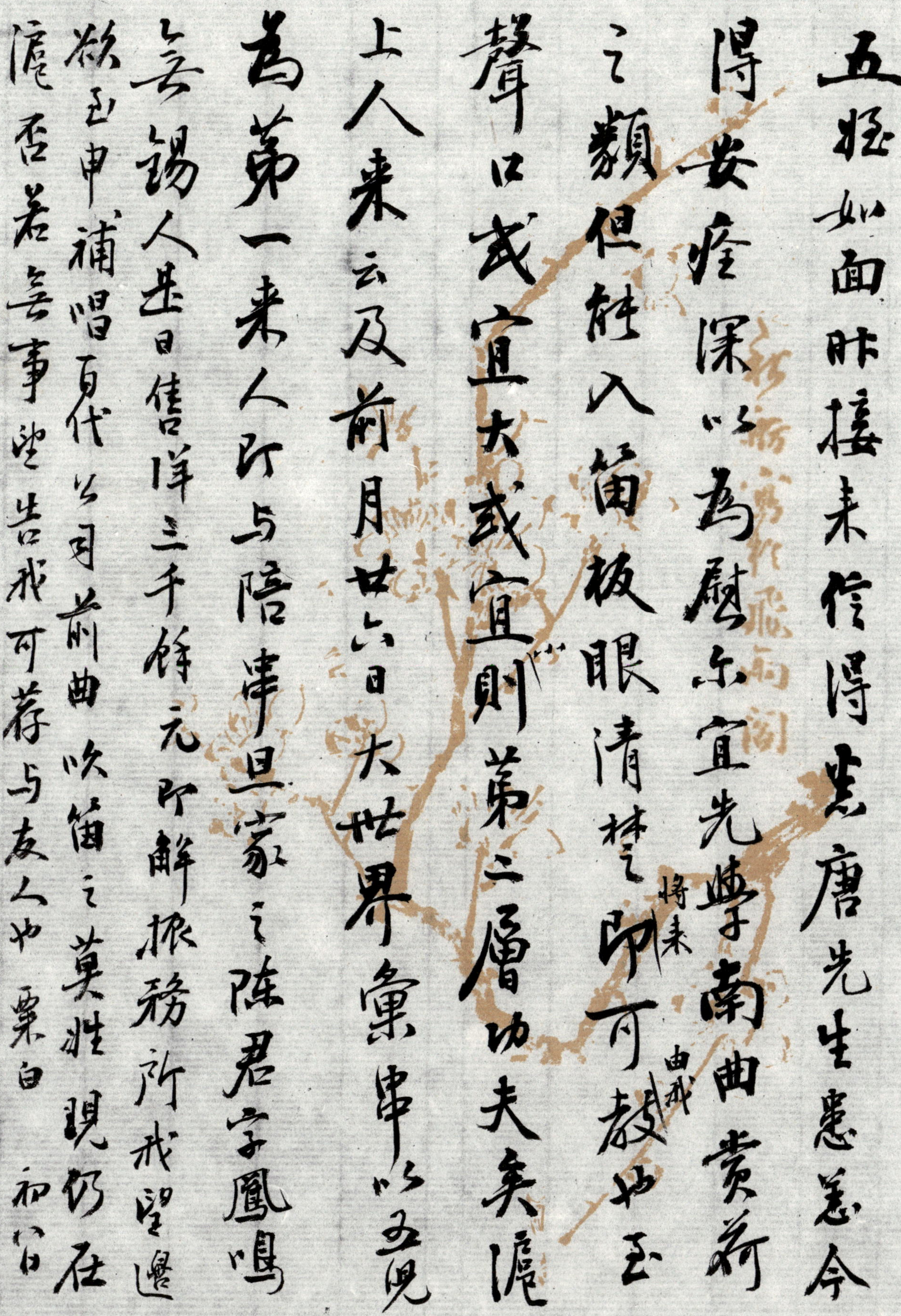

五姪如面昨接來信得悉唐先生恙恙今得安痊深以為慰爾宜先學南曲賞荷之類但能入笛板眼清楚將來即可由我教也至聲口或宜大或宜小則第二層功夫矣滬上人來云及前月廿六日大世界彙串以五兒為第一來人即與陪串旦家之陳君字鳳鳴無錫人是日售洋三千餘元即解振務所我望邊欲至申補唱百代公司前曲吹笛之莫姓現仍在滬否若無事望告我可薦與友人也 粟白 初八日

信三十六

五姪如面：昨接來信，得悉唐先生[一]恙恙，今得安痊，深以為慰。爾宜先學南曲《賞荷》之類，但能入笛，板眼清楚，將來即可由我教也。至聲口或宜大或宜小，則第二層功夫矣。滬上人來，云及前月廿六日大世界彙串[二]，以五兒為第一。來人即與陪串旦家之陳君，字鳳鳴[三]，無錫人。是日售洋三千餘元，即解振務所。我望邊[四]欲至申，補唱百代公司前曲[五]。吹笛之莫姓，現仍在滬否？若無事，望告我，可薦與友人也。

粟白　初八日

【注釋】

[一]唐先生，即唐承齋，俞建侯岳丈。

[二]前月廿六日大世界彙串：俞粟廬以陰曆記事。此日當為一九二一年三月五日。據《申報》一九二一年三月十一日署名悔初的《第一届崑劇會串記》載：「鈞天集諸君子……聯合潤鴻、嚶求兩社，及崑鬆之老曲家，於本月五日，假臺灣路徐宅，舉行第一届會串，午後六時開鑼，逾午夜而告終。」俞振飛與徐凌雲、王索閑演《小宴》。此文對俞振飛評價極高，說：「俞君振飛，為蘇州崑曲前輩俞粟廬之子。其度曲也，於陰陽尖團，五音四聲以及收音協韵，均能絲毫不苟，家學淵源，洵非虛語。」但從演出劇目看，陳鳳鳴並沒有參加。陳鳳鳴與俞振飛同臺演出，是在一九二一年一月四五兩日，據《申報》一九二一年一月十四日《詒燕堂崑曲大會串記》載，由鈞天、嚶求、潤鴻三集發起，「邀蘇州全福、大章、大雅三班為班底，海上有名曲家，殆皆登場」。地點是「城內王氏詒燕堂」。第一天陳鳳鳴演《絮閣》，第二天演《醉妃》；俞振飛第一天無戲，第二天演《望鄉》。

[三]陳鳳鳴，全福班藝人，工巾生，也演官生。

[四]望邊，此指農曆三月十五日。

[五]俞粟廬補唱百代公司唱片，應在一九二一年四月初。

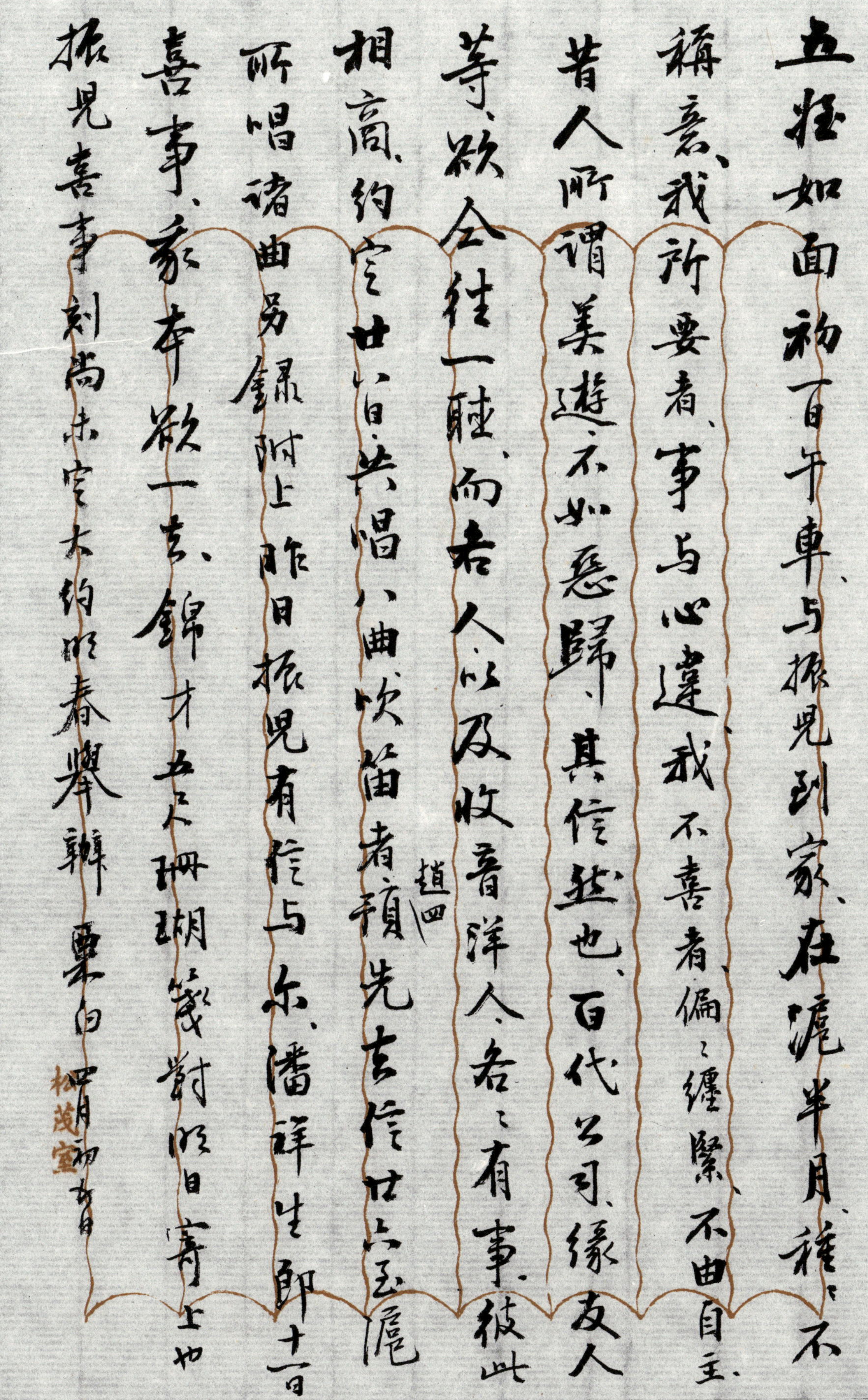
五姪如面：初一日午車与振兒到家，在滬半月，種種不稱意，我所要者，事与心違，我不喜者，偏偏纏緊，不由自主。昔人所謂美遊不如惡歸，其信然也。百代公司緣友人等欲仝往一聽，而各人以及收音洋人各各有事，彼此相商，約定廿八日共唱八曲，吹笛者趙四預先去信，廿六至滬。所唱諸曲，另錄附上。昨日振兒有信与尔，潘祥生郎十一日喜事，家本欲一去，錦才五尺、珊瑚箋對明日寄上也。振兒喜事刻尚未定，大約明春舉辦。粟白 四月初五日

信三十七

五姪如面：初一日午車與振兒到家[一]，在滬半月，種種不稱意，我所要者，事與心違；我不喜者，偏偏纏緊，不由自主。昔人所謂美游不如惡歸，其信然也。百代公司緣友人等欲仝往一聽。而各人以及收音洋人各各有事。彼此相商，約定廿八日共唱八曲。吹笛者趙四[二]，預先去信，廿六至滬。所唱諸曲，另録附上。昨日振兒有信與爾。潘祥生[三]郎十一日喜事，我本欲一去。錦才五尺、珊瑚箋對明日寄上也。振兒喜事刻尚未定，大約明春舉辦[四]。

粟白　四月初五日

【注釋】

[一] 信三十六中講到農曆三月十五左右（望邊），要去上海補録唱片，這裏講到「在滬半月」，正好農曆四月初一回蘇。因百代公司洋人録音師不空，這次未能録成，預約在農曆四月廿六日再去上海補録八曲。

[二] 趙四，即趙桐壽，笛師。

[三] 潘祥生，上海曲友，開綢緞莊，俞粟廬到上海常去他家住宿、唱曲。

[四] 由此可知，俞振飛與范品珍的結婚日應在一九二二年春。

萬祐仁兄先生惠鑒：近維
勛履佳勝。海勞狀如常，望前至滬與
公相聚，并應補唱諸曲。啓者：客冬任
子木兄囑為邀一會曲之人，遍訪不得。前
月有人言及常熟汪旭初欲出外教曲，即囑友
人函詢。二月廿八日果有信來，海即致信子木，旋
得回信，伊要房屋過窄，不能住宿，而每月薪
資照阿桂舊章十元，此外再與鄭耕莘等商
酌，俾可久留。而前日小兒來信云：
尊意欲去揚而留汪，而海與汪二十年前相識，
曾吹戲曲，未聞其教曲與說白，且一別十八年，
不知目下如何，須聽面方知。而任君昨日來，雖
即欲與汪面言一切，緣鈞天社因阿桂不願教
曲，現已辭歇，必欲與汪一談，詢其所有之曲，以便
合期吹唱，因阿桂并囑後場諸人不應鈞天之

信三十八

濂初仁兄先生惠鑒：近譒動履佳勝，海勞狀如常，望前至滬與公相聚，並應補唱諸曲[一]。啓者客冬，任子木[二]兄囑為邀一念曲之人，遍訪不得。前月有人言及常熟汪旭初欲出外教曲。即囑友人函詢。二月廿八日果有信來。海即致信子木。旋得回信，伊處房屋過窄，不能住宿。而每月薪資照阿桂[三]舊章十元。此外再與鄭耕莘[四]等商酌，俾可久留。而前日小兒來信云：尊意欲去楊而留汪。而海與汪二十年前相識，曾吹幾曲，未聞其教曲與說白。且一別十八年，不知目下如何？須晤面方知。而任君昨日來蘇，即欲與汪面言一切。緣鈞天社因阿桂不願教曲，現已辭歇，必欲與汪一談，詢其所有之曲，以便同期吹唱。因阿桂并囑後場諸人，不應鈞天之招。此亦一面之說。未知汪能否擔當此任。俟汪來蘇方知其胸中究有幾多。即刻又接小兒快信，謂汪至滬上，遲到尊處，不至任處云云。則海無以對子木。此事大為躊躇。況子木現在專等汪來。海已去信，再四思維相懇吾兄於無可奈何之中想一無可奈何之法，俾弟不至為難。深感無既，肅此奉懇。敬請

日安

弟俞宗海謹上　三月初七日

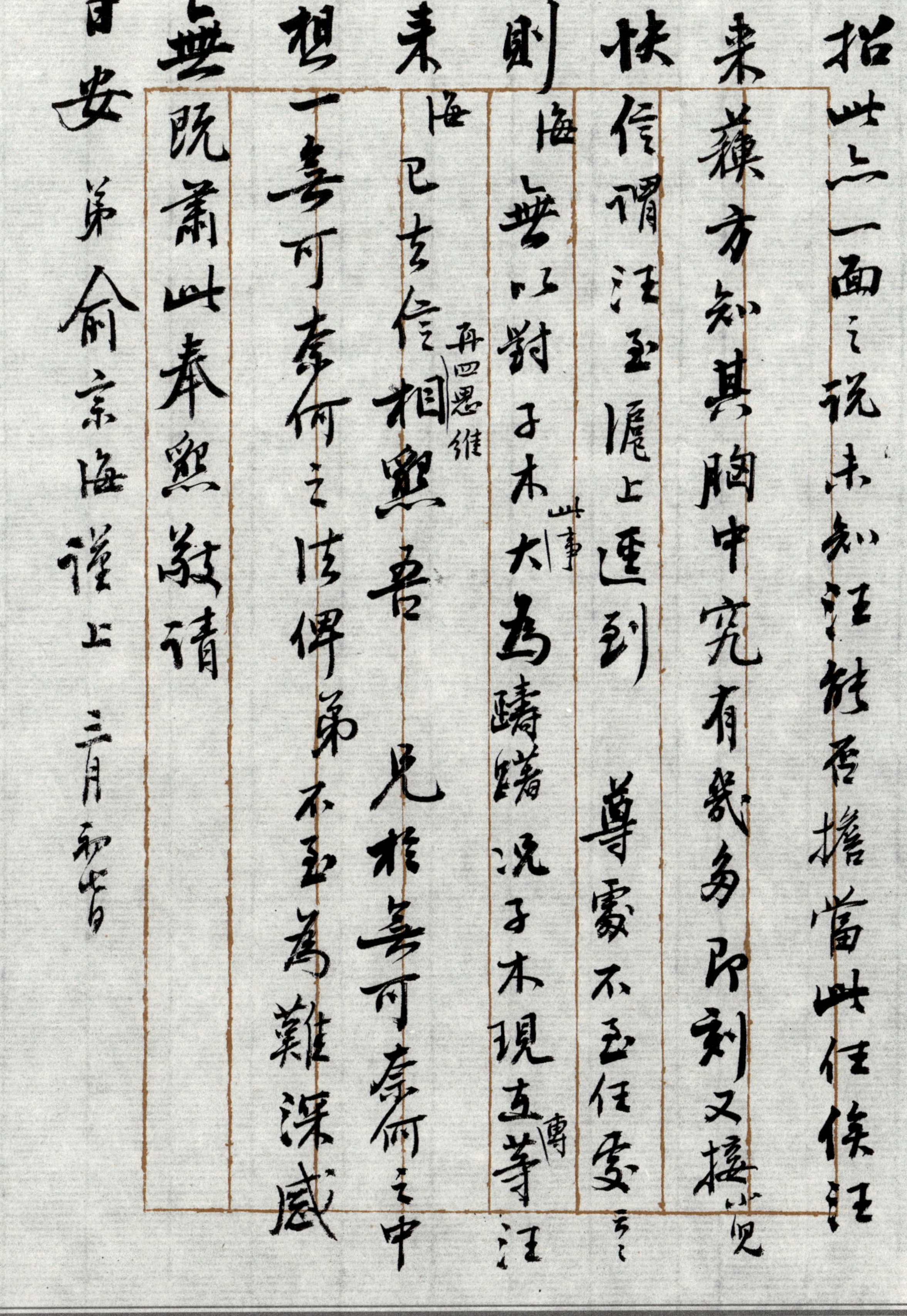
招。此亦一面之說，未知汪能否擔當此任。俟汪來蘇方知其胸中究有幾多。即刻又接小兒快信，謂汪至滬上，遲到尊處，不至任處云云。則海無以對子木。此事大為躊躇。況子木現在專等汪來。海已去信，再四思維相懇吾兄於無可奈何之中想一無可奈何之法，俾弟不至為難。深感無既，肅此奉懇。敬請
日安
弟俞宗海謹上　三月初七

藕初仁兄先生惠鑒昨日午後汪旭初
從常熟来詢以胸中所有據言計生旦丑
淨約百餘齣以目下而論尚可專衍海即
唱一曲笛風点不足指法平常今年五十七
精神不旺即与彼到笛漁處欲請伊吹秋
江則無有換唱玩箋点生疏而精不出皆由弟
吹又對伊言及尊處有十餘人學曲能

【注釋】

[一] 指去百代補録事，此信寫於信三十六之前一天，當為一九二一年四月十四日。

[二] 任子木，鈞天社負責人之一。

[三] 阿桂，拍先、笛師。

[四] 鄭耕莘，鈞天社曲友。

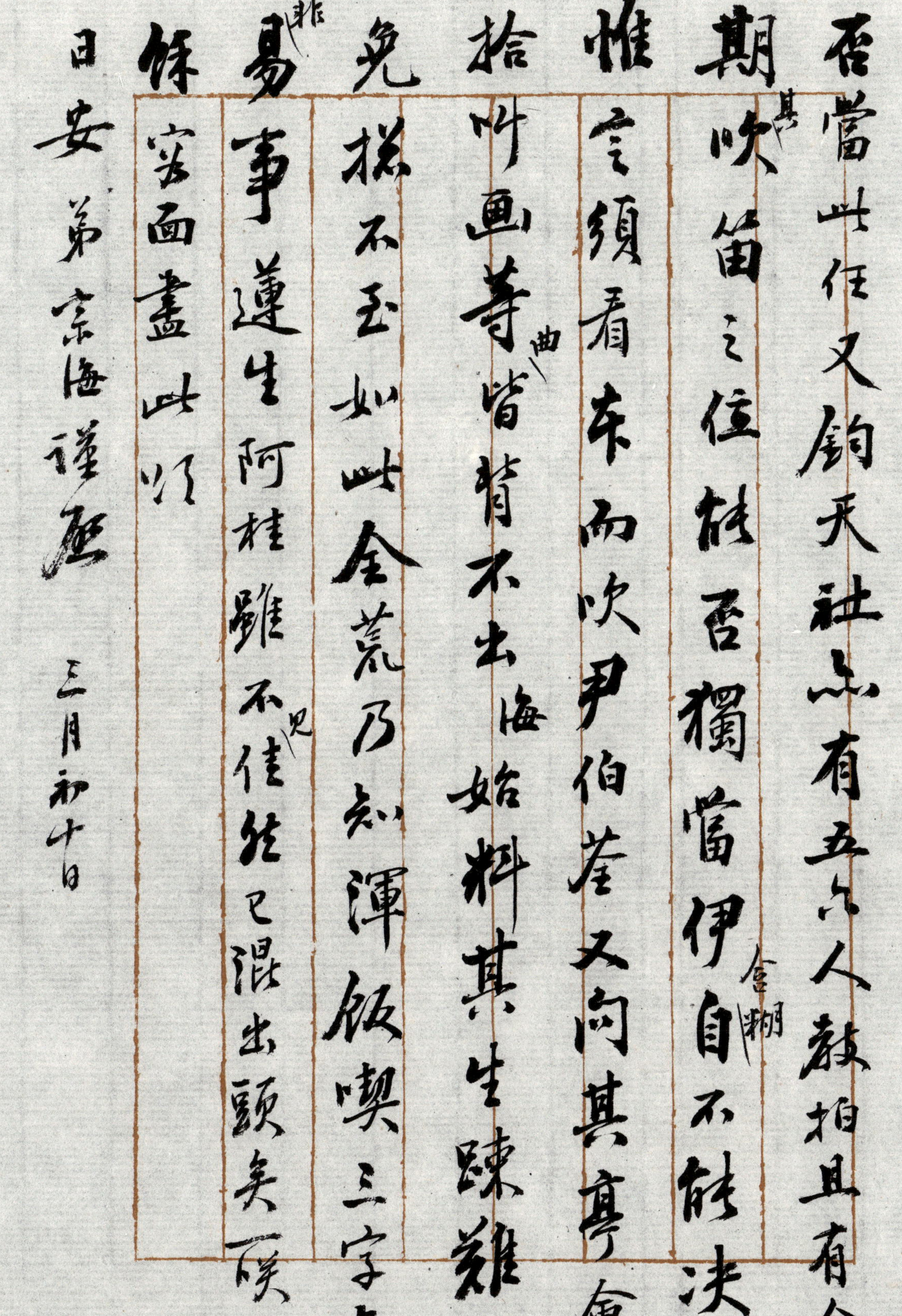
吾當此任又鈞天社亦有五六人教拍且有仝
期吹其笛之位能否獨當伊含糊自不能決
惟言須看本而吹尹伯荃又問其亭會
拾叫畫等曲皆背不出海始料其生疎難
免揔不至如此全荒乃知渾飯喫三字亦非
易事蓮生阿桂雖不見佳然已混出頭矣一笑
餘容面盡此頌
日安　弟宗海謹啟　三月初十日

信三十九

藕初仁兄先生惠鑒：乍日午後汪旭初從常熟來，詢以胸中所有。據言，計生、旦、丑、淨約百餘齣。以目下所論，尚可敷衍。海即唱一曲，笛風亦不足，指法平常。今年五十七，精神不旺。即與彼到笛漁[一]處，欲請伊吹《秋江》，則無有。換唱《玩箋》，亦生疏而背不出，皆由弟吹。又對伊言及　尊處有十餘人學曲，能否當此任。又鈞天社亦有五六人教拍，且有仝期。其吹笛之位，能否獨當？伊含糊自不能解決。惟言須看本而吹。尹伯荃[二]又問其《亭會》、《拾叫畫》等曲，皆背不出。海始料其生疎難免，揔不至如此全荒！乃知「渾飯喫」三字亦非易事。蓮生[三]、阿桂雖不見佳，然已混出頭矣！一笑。餘容面盡。此頌

日安

弟宗海謹啓　三月初十日[四]

【注釋】

[一]笛漁，張紫東二弟。
[二]尹伯荃，道和曲社成員，畫家。
[三]嚴蓮生，笛師，參閱信九注。
[四]此信寫於前信三天之後。

季亮四兄惠鑒：昨曹敬軒兄得悉
文從與敬五兄到滬，比玉華豐，訪向知
駕往新倉，未得一晤為憾。海來此將
及半月，初十即須返蘇，連日與繩祖諸
君相敘甚快。並者舍四姪遠曜，字清士，前經海
送在潘祥生綢紗莊學業六年，今春因病
回蘇，病後無力，為其同學朱君邀往太倉

中華民國　年　月　日
河南鄭縣豫豐紗廠申賬房用箋

在朱氏自立小學堂為教習，因潘處
勞力太甚耳。清士姪並無玩好，不喜閒蕩，
寫算帳目均無錯誤，文理粗通，樸誠耐苦。在潘處 海可擔保
尊公常到潘和懋，每稱其勤。並附名條一紙，敬
祈在南通留意，若得一枝棲足，其感
德何可勝言。海此次由杭而滬，近二十日回杭。
翔甲迎穫曲本一事，明春一定舉行，前此敬明
旅安。弟宗海頓首　十二月初八日

中華民國　年　月　日
河南鄭縣豫豐紗廠申賬房用箋

信四十

季亮〔一〕四兄惠鑒：晤曹敬軒〔二〕兄得悉文从與敬五兄到滬，比至華豐訪問，知駕往新倉，未得一晤為憾。海來此將及半月，初十即須返蘇。連日與繩祖諸君相叙甚快。茲者舍四姪遠曜，字清士，前經海送在潘祥生繺紗莊學業六年，今春因病回蘇。病後無力，為其同學朱君邀往太倉，在朱氏自立小學堂為教習。因潘處勞力太甚耳。清士姪並無玩好，不喜閒蕩。在潘處寫算帳目，均無錯誤，海可擔保。文理粗通，樸誠耐苦。尊公常到潘和懋，每稱其勤。茲附名條一紙，敬祈在南通留意。若得一枝棲，足其感德，何可勝言。海此次由杭而滬近二十日，曲本一事，明春一定舉行。肅此，敬頌

旅安

弟宗海頓首　十二月初八日

【注釋】

〔一〕季亮，待考，據信中內容看，似與南通張謇有關。張謇與俞粟廬曾有過交往，據梅蘭芳《舞臺生活四十年》中《回憶南通》一節載：「張四先生派人接我們住在南通博物館裏面的『濠南別業』……有一位南北聞名的度曲專家俞粟廬先生也在座的。」但張謇字季直，排行第四，人稱「張四先生」，不知季亮為何人。

〔二〕曹敬軒，浙江桐鄉人，曾請俞粟廬去教曲，俞振飛同去，在桐鄉住一月餘。

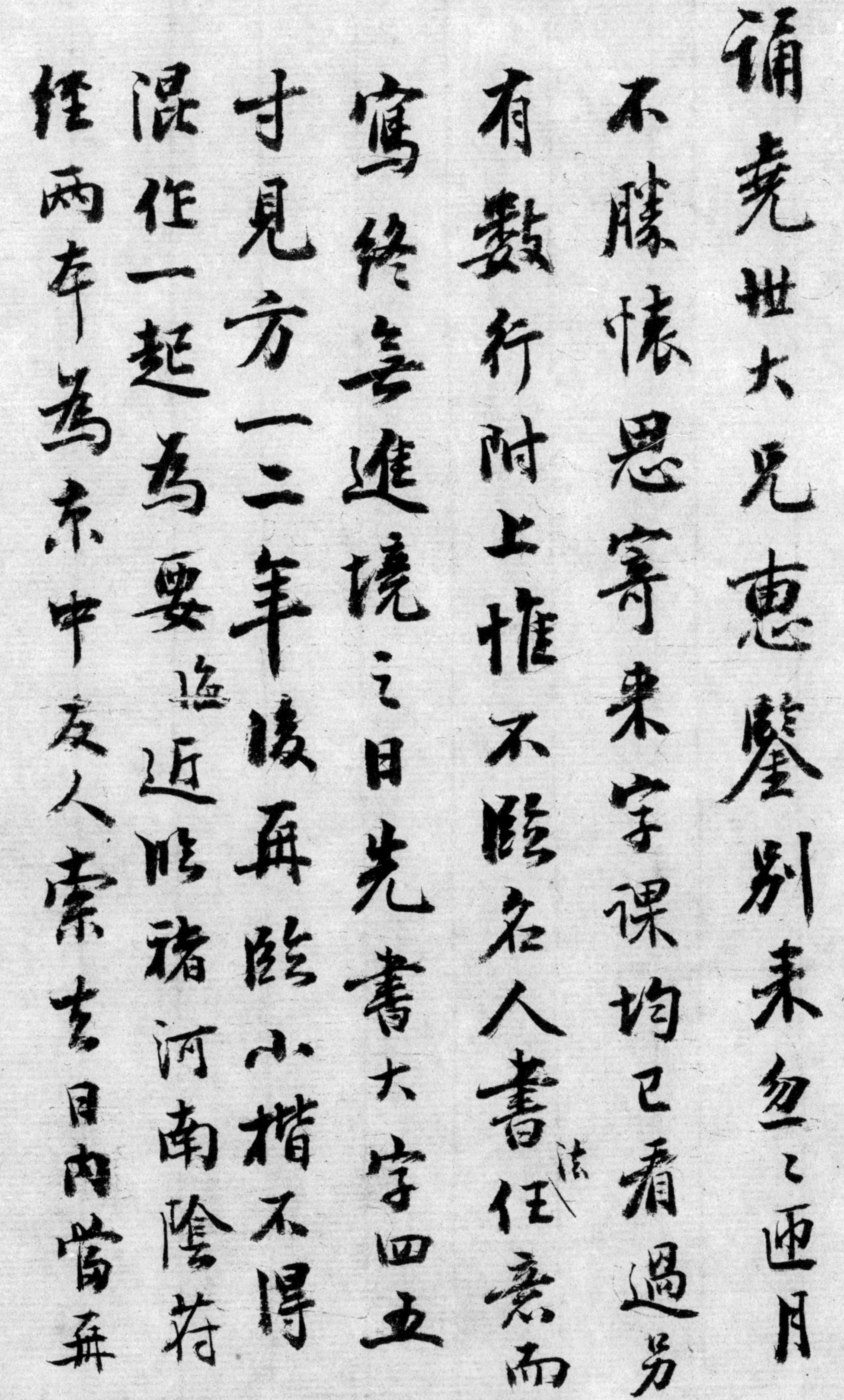
誦堯世大兄惠鑒別來匆匆匝月
不勝悵想寄來字課均已看過另
有數行附上惟不臨名人書法任意而
寫終無進境之日先書大字四五
寸見方一二年後再臨小楷不得
混作一起為要近時褚河南陰符
經兩本為京中友人索去日內當再

書一分寄奉。如滬上有正書局近印北魏鄭道昭登雲峯山詩刻於磨厓，可購觀之。上年竹鳴兄言澱山相近湯姓家有南梁王僧虔墨迹兩大張，紙色微黄，係麻箋無疑，又有董思翁跋兩大方，墨色如新，此乃無上妙品。後聞湯姓逝世而之後，人不知此跡落於何人之手。我兄可一詢竹老，留心，若能得手，可交平書家用玻璃版，豈非大妙。古人墨迹即明代名人亦屬難得，何況六朝佳妙上品，寶其至寶，望細心想法，亦不可求之太急，恐居為奇貨，益難得矣。餘容再陳。肅此敬請

侍安

弟宗海頓首　小兒遠威隨叩

十一月廿五日

信四十一

誦堯[一]世大兄惠鑒：別來忽忽匝月，不勝懷思。寄來字課[二]均已看過。另有數行附上。惟不臨名人書法，任意而寫，終無進境之日。先書大字四五寸見方，一二年後，再臨小楷，不得混作一起，為要！海近臨褚河南《陰符經》兩本，為京中友人索去。日内當再書一分寄奉也。滬上有正書局近印北魏鄭道昭《登雲峯山詩》，刻於磨厓，可購觀之。上年竹鳴兄[三]言，澱山[四]相近湯姓家有南梁王僧虔[五]墨迹兩大張，紙色微黃，係麻箋無疑。又有董思翁[六]跋兩大方，墨色如新。此乃無上妙品。後聞湯姓逝世而乏後人，不知此跡落於何人之手？我 兄可一詢竹老，留心若能得手，即可交平書。家用玻璨版[七]，豈非大妙。古人墨跡，即明代名人亦屬難得，何況六朝佳妙上品，實是至寶！望細心想法，亦不可求之太急，恐居為奇貨，益難得矣！餘容再陳。肅此，敬請

侍安

弟宗海頓首 小兒遠威[八]隨叩 十一月廿五日

【注釋】

[一]誦堯，即唐頌堯，俞建侯之妻兄，參見信二十三注。

[二]字課，唐頌堯習字的作業。

[三]竹鳴，生平不詳。

[四]澱山，即淀山。

[五]王僧虔（四二六—四八五），南朝齊瑯玡臨沂人。王導五世孫，宋時除祕書，官至尚書令。入齊，轉侍中、湖州刺史。善隸書。齊高祖也善書，曾問王「誰第一」。王答曰：「臣書，臣中第一；陛下書，帝中第一。」

[六]董思翁，即董其昌，號思白，明代書法家，松江人。

[七]玻璨版，亦稱珂羅版，印影書畫的一種方法。

[八]遠威，即俞振飛之名。當時俞振飛隨侍在家，尚未去滬工作，家住獅林寺巷。可見此信寫於一九二〇年之前。

我的伯祖父俞粟廬（代後記）

俞粟廬，名宗海，字粟廬，號韜盦，籍婁縣（今上海松江），是我祖父宗漢公之兄長，也就是我的伯祖父。我的父親俞建侯先生是粟廬公之親姪，由於父親年幼失怙，從小在蘇州與其堂兄振飛公一起玩耍、讀書。父親十五歲時，怙恃俱失，乃於民國七年（一九一八），由其伯父粟廬公送至珠街閣（現稱朱家角），師從青浦名醫曲友唐承齋先生學習歧黃之術。

粟廬公有三長：一騎馬射箭，可惜此長無傳；二唱曲，此長傳予其子振飞公；三書法，此長傳予其姪建侯公。今時出版的《俞粟廬書信集》就是我父親在粟廬公逝世後兩年收集裝池而成的版本。其實，公之書信共有三册，第一册以家書為主，是公寫給其子其姪的信件；第二册是沈師景修寫給公的信件和册頁；第三册是任薰、陸恢、馮超然諸友寫給公的信件和詩詞。三册共有信一百零五封。

古人以書信交流親情，交流友情，同時也記録了當時的社會、政治、經濟、文化、藝術，以及家族、家庭、生老病死等多方面的人物、事件和信息。古代書信舊稱「尺牘」，就是用毛筆書寫的信件，也是書品的一類，因此「尺牘」具有史料和書法的雙重研究價值。

粟廬公是清末民初一代曲家、一代書家，公之曲宗葉派，公之書宗北碑。吴梅先生在《俞宗海家傳》中説：「君居標營時，嘗從盛澤沈景修游，通金石學，又與吴江陸恢同學北碑，陸兼畫，君則壹意於書，而名亦伯仲也。」

粟廬公所書作品應當很多，可惜，留在其子振飛公處的墨寶於「文革」中，在文化廣場的一次大火中被付之一炬，片紙無存。幸而我父親還有心珍藏着一些粟廬公的遺墨，雖數量不多，但書品種類亦尚齊全，有中堂、條幅、册頁、扇面、對聯、墓誌、尺牘、拓片等，留存至今。

如今，在黨和國家加强文化建設的大政方針下，上海戲劇學院附屬戲曲學校，懷着對老校長俞振飛先生的無限崇敬，對崑曲藝術的無比熱愛，毅然出重資，精印出版《俞粟廬書信集》，使這本我家珍藏了八十餘年的墨寶得以面世，以饗獻愛好崑曲和書法的朋友們。讓我們共同欣賞，共同學習，共同研究吧！

粟廬姪孫俞經農
記於崑明
二〇一二年三月

圖書在版編目（CIP）數據

俞粟廬書信集 / 俞經農藏本；唐葆祥編注. -- 上海：上海古籍出版社, 2012.6
ISBN 978-7-5325-5185-9

Ⅰ. ①俞… Ⅱ. ①俞… ②唐… Ⅲ. ①俞粟廬（1847 ~ 1930）– 書信集
Ⅳ. ①K825.78

中國版本圖書館CIP資料核字（2012）第090937號

ISBN 978-7-5325-5185-9

9 787532 551859 >

俞粟廬書信集

俞經農 藏本 唐葆祥 編注

責任編輯 鈕君怡
裝幀設計 嚴克勤
技術編輯 王建中

上海世紀出版股份有限公司 出版發行
上海古籍出版社
上海市瑞金二路二七二號 郵政編碼 二〇〇〇二〇
網址 www.guji.com.cn
E-mail:guji@guji.com.cn
易文網網址 www.ewen.cc

印製 杭州蕭山古籍印刷有限公司
開本 七四〇乘一四二〇 六開
印張 二十七又六分之四
版次 二〇一二年六月第一版
二〇一二年六月第一次印刷
印數 二〇〇〇
ISBN 978-7-5325-5185-9/I.2569
定價 肆佰元